中国社会科学院国情调研特大项目"精准扶贫精准脱贫百村调研"

精准扶贫精准脱贫百村调研**丛书**

CASE STUDIES OF TARGETED POVERTY REDUCTION AND
ALLEVIATION IN 100 VILLAGES

李培林／主编

精准扶贫精准脱贫
百村调研·十八洞村卷

精准扶贫首倡地的机遇、创新与挑战

刘艳红　申孟宜／著

社会科学文献出版社

SOCIAL SCIENCES ACADEMIC PRESS (CHINA)

中国社会科学院国情调研特大项目
"精准扶贫精准脱贫百村调研"
项目协调办公室

主　任：王子豪

成　员：檀学文　刁鹏飞　闫　珺　田　甜　曲海燕

总　序

　　调查研究是党的优良传统和作风。在党中央领导下，中国社会科学院一贯秉持理论联系实际的学风，并具有开展国情调研的深厚传统。1988年，中国社会科学院与全国社会科学界一起开展了百县市经济社会调查，并被列为"七五"和"八五"国家哲学社会科学重点课题，出版了《中国国情丛书——百县市经济社会调查》。1998年，国情调研视野从中观走向微观，由国家社科基金批准百村经济社会调查"九五"重点项目，出版了《中国国情丛书——百村经济社会调查》。2006年，中国社会科学院全面启动国情调研工作，先后组织实施了1000余项国情调研项目，与地方合作设立院级国情调研基地12个、所级国情调研基地59个。国情调研很好地践行了理论联系实际、实践是检验真理的唯一标准的马克思主义认识论和学风，为发挥中国社会科学院思想库和智囊团作用做出了重要贡献。

　　党的十八大以来，在全面建成小康社会目标指引下，中央提出了到2020年实现我国现行标准下农村贫困人口脱贫、贫困县全部"摘帽"、解决区域性整体贫困的脱贫攻坚目标。中国的减贫成就举世瞩目,如此宏大的脱贫目标世所罕见。到 2020 年实现全面精准脱贫是党的十九大提出的三大攻坚战之一,是重大的社会目标和政治任务,中国的贫困地区在此期间也将发生翻天覆地的变化,而变化的过程注定不会一帆风顺或云淡风轻。记录这个伟大的过程,总结解决这个世界性难题的经验,为完成这个攻坚战献计献策,是社会科学工作者应有的责任担当。

2016 年,中国社会科学院根据中央做出的"打赢脱贫攻坚战"战略部署,决定设立"精准扶贫精准脱贫百村调研"国情调研特大项目,集中优势人力、物力,以精准扶贫为主题,集中两年时间,开展贫困村百村调研。"精准扶贫精准脱贫百村调研"是中国社会科学院国情调研重大工程,有统一的样本村选择标准和广泛的地域分布,有明确的调研目标和统一的调研进度安排。调研的 104 个样本村,西部、中部和东部地区的比例分别为 57%、27% 和 16%,对民族地区、边境地区、片区、深度贫困地区都有专门的考虑,有望对全国贫困村有基本的代表性,对当前中国农村贫困状况和减贫、发展状况有一个横断面式的全景展示。

在以习近平同志为核心的党中央坚强领导下,党的十八大以来的中国特色社会主义实践引导中国进入中国特色社会主义新时代,我国经济社会格局正在发生深刻变化,脱贫攻坚行动顺利推进,每年实现贫困人口脱贫 1000 多万人,贫困人口从 2012 年的 9899 万人减少到 2017 年的 3046 万人,在较短时间内实现了贫困村面貌的巨大改观。中国社会科学院组建了一百支调研团队，动员了不少于500名科研人员的调研队伍，付出了不少于3000个工作日，用脚步、笔尖和镜头记录了百余个贫困村在近年来发生的巨大变化。

根据规划，每个贫困村子课题组不仅要为总课题组提供数据，还要撰写和出版村庄调研报告，这就是呈现在读者面前的"精准扶贫精准脱贫百村调研丛书"。为了达到了解国情的基本目的，总课题组拟定了调研提纲和问卷，要求各村调研都要执行基本的"规定动作"和因村而异的"自选动作"，了解和写出每个村的特色，写出脱贫路上的风采以及荆棘！对每部报告我们都组织了专家评审，由作者根据修改意见进行修改，直到达到出版要求。我们希望，这套丛书的出版能为脱贫攻坚大业写下浓重的一笔。

中共十九大的胜利召开，确立习近平新时代中国特色社会主义思想作为各项工作的指导思想，宣告中国特色社会主义进入新时代，中央做出了社会主要矛盾转化的重大判断。从现在起到2020年，既是全面建成小康社会的决胜期，也是迈向第二个百年奋斗目标的历史交会期。在此期间，国家强调坚决打好防范化解重大风险、精准脱贫、污染防治三大攻坚战。2018年春节前夕，习近平总书记到深度贫困的四川凉山地区考察，就打好精准脱贫攻坚战提出八条要求，并通过脱贫攻坚三年行动计划加以推进。与此同时，为应对我国乡村发展不平衡不充分尤其突出的问题，国家适时启动了乡村振兴战略，要求到2020年乡村振兴取得重要进展，做好实施乡村振兴战略与打好精准脱贫攻坚战的有机衔接。通过调研，我们也发现，很多地方已经在实际工作中将脱贫攻坚与美丽乡村建设、城乡发展一体化结合在一起开展。可以预见，贫困地区的脱贫攻坚将不再只局限于贫困户脱贫，我们有充分的信心从贫困村发展看到乡村振兴的曙光和未来。

是为序！

全国人民代表大会社会建设委员会副主任委员

中国社会科学院副院长、学部委员

2018 年 10 月

前　言

湖南省花垣县十八洞村是全国精准扶贫首倡地。2013年11月3日，中共中央总书记、国家主席习近平到十八洞村考察，在那里首次提出了"精准扶贫"的重要论述，开启了全国扶贫开发工作的新篇章。为落实习总书记视察十八洞村指示精神，花垣县委决定将十八洞村作为全县探索精准扶贫可复制、可推广经验的试点村，探索民族贫困地区脱贫致富的新路径。

2014年1月23日，花垣县委向十八洞村派出了全县第一支精准扶贫驻村工作队，并按照习总书记"实事求是、因地制宜、分类指导、精准扶贫"的重要指示和"不能搞特殊化，但不能没有变化"等要求展开精准扶贫工作。经过三年的努力，十八洞村的人均纯收入从2013年的1668元，提高到2016年的8313元，在湖南省率先摘掉了贫困村的帽子。2019年，十八洞村人均纯收入增加至14668元，集体经济收入达126.4万元，提前实现了小康社会的奋斗目标。

为深入研究十八洞村精准扶贫精准脱贫的实施成效、总结提炼其精准扶贫与产业发展的特色，客观分析其"借力"脱贫与发展得以成功的外部机遇和内在原因,并及时反映其快速发展中出现的问题及面临的挑战,十八洞村子课题组于 2017 年 4 月、11 月和 2020 年 7 月三次深入花垣县十八洞村开展调查研究,收集了大量一手资料和数据,并在此基础上形成了本研究报告。报告的篇章结构安排如下。

第一章在介绍十八洞村基本村情的基础上,从区域整体贫困、区域内部发展不均衡以及村民个体层面探讨了十八洞村长期深度贫困的原因。

第二章结合"六个精准"的落实情况介绍了十八洞村精准扶贫的过程特点、取得的成效和存在的不足。着重讨论了十八洞村在贫困识别方面进行的有效探索,以及识别困境对项目安排和资金使用所产生的影响。

第三章从总书记视察十八洞村以及中央媒体配合全国脱贫攻坚行动对十八洞村持续广泛报道进而提升十八洞村知名度和影响力等角度,论述十八洞村基础设施建设和产业发展的"外部机遇",强调这些外部机遇是促使十八洞村"借力"发展成功的关键因素。

第四章着重从驻村帮扶和产业扶贫两个方面论述了当地政府在精准扶贫机制创新方面进行的探索。认为十八洞村在驻村帮扶机制方面最早进行的长期化、制度化和精准化探索,为花垣县乃至更大范围内驻村帮扶机制的改革完善提供了宝贵的基层经验。而政府部门在优化和创新公共扶贫资源配置方面的一系列尝试,为成功打造"十八洞"品牌、吸引民间资本和市场资源进入十八洞村,使之成功实现"借力"发展发挥了重要的杠杆作用。

第五章结合具体案例从集体经济的出路、民间资本的落地以及政策变化的风险三个方面讨论了十八洞村快速发展过程中暴露出的问题和面临的挑战。

第六章针对前述问题和挑战，提出相应的对策建议。认为十八洞村要在精准脱贫后走向乡村振兴，实现自主、均衡与可持续的发展，需要从加大扶智引智力度、培育内生发展动能，优化营商环境、发挥民间资本作用，以及加快产业转型、拓展旅游市场空间三个方面聚焦着力。

目　录

第一章

十八洞村的基本村情

十八洞村位于湖南省西部，湘黔渝三省交界的湘西土家族苗族自治州花垣县，是该县双龙镇下辖的一个行政村。截至2013年底，全村共有225户939人，是一个纯苗族人口聚居的少数民族村落。十八洞村地处武陵山脉腹地，生态环境优美、自然景观独特，苗族文化保存完好，具有丰富的自然和人文旅游资源。但受区域整体性贫困、区域内部发展不均衡，以及十八洞村自身山多地少、信息闭塞、村民文化程度低、观念意识落后等因素影响，十八洞村的基础设施和产业发展十分落后，长期处于深度贫困状态。当地曾有这样的民谣形容十八洞村的生活状态："山沟两岔穷疙瘩，每天红薯苞谷粑，要想吃顿大米饭，除非生病有娃娃。"2014年初，全村从225户939人中识别出国家级建档立卡贫困户136户533人，贫困发生率高达56.8%。

第一节　基本村情

十八洞村隶属湖南湘西土家族苗族自治州花垣县，是该县双龙镇下辖的一个行政村，由飞虫、当戎、竹子和梨子四个自然村寨组成。2005 年 7 月，当地进行行政区划调整，四个寨子合并为一个新的行政村，并以区域内的天然溶洞夜郎十八洞为名，命名为"十八洞村"。

1. 自然地理条件

（1）地理环境

十八洞村地处湖南省西北部、湘西自治州花垣县"南大门"双龙镇西南部，距花垣县县城 34 公里、湘西州州府吉首市 38 公里；紧邻吉茶高速、209 和 319 国道，距吉茶高速公路出口 10 公里。全村面积 9.44 平方公里，地理坐标在东经 109°15′~109°38′、北纬 28°10′~28°38′；平均海拔 700 米，属高山熔岩地貌。

（2）气候环境

十八洞村属于大陆性中亚热带季风湿润气候，一年四季季节分明，1 月平均温度最低，极限低温 -8℃；7 月温度最高，一般极限温度 40℃；雨量充沛，分布不均，年均降雨量 1350~1450 毫米，降雨在 5~7 月比较集中。

（3）自然资源

十八洞村土地面积 14162 亩，其中，耕地面积 817 亩，仅占 5.8%，人均耕地仅有 0.83 亩；^①林地面积 11093 亩，占比超过 78.3%；呈现林多地少、森林覆盖率高的特点。村内生态环境优美、自然景观独特，有着丰富的旅游资源，享有"云雾苗寨"的美称，被习近平总书记誉为"小张家界"。使十八洞村得名的"十八洞"是由 18 个天然溶洞组成的巨大溶洞群，洞洞相连、形态各异、巧夺天工，被誉为"亚洲第一奇洞"。此外，村内还有莲台山林场、黄马岩、乌龙一线天、背儿山、擎天柱等自然景观。

2. 经济社会状况

（1）人口民族

十八洞村辖 4 个自然寨（飞虫、当戎、竹子、梨子），6 个村民小组。截至 2016 年底，全村在册人口 225 户 939 人；其中，具有劳动能力的人口约为 540 人，占全村人口的 57.5%；外出半年以上劳动人口 287 人，占全部劳动人口的 53.1%，占全村人口的 30.6%，主要从事房地产、建筑以及信息传输软件和信息技术服务业；女性 457 人，占全村人口的 48.7%；青年（19~45 岁）占比约为 46.2%，中老年（46 岁及以上）占比约为 35.6%（见图 1-1）；残疾人口 35 人，占全村人口的 3.7%。十八洞村属于纯苗族聚居村，苗族人口占比超过全村人口的 99%，仅有极少数汉族和土家族。

---

① 根据驻村工作队提供的资料，2017 年十八洞全村 226 户农户实测水田面积 1259.52 亩，旱地面积 550.89 亩，两项面积合计 1810.41 亩，比其对外公布耕地面积多出 1.2 倍。

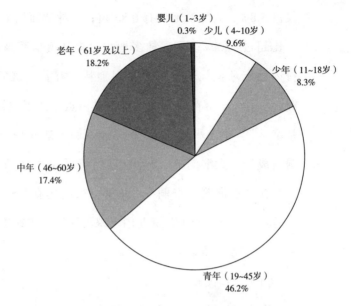

婴儿（1~3岁）
0.3%　少儿（4~10岁）
9.6%

老年（61岁及以上）
18.2%

少年（11~18岁）
8.3%

中年（46~60岁）
17.4%

青年（19~45岁）
46.2%

图1-1　2016年十八洞村人口年龄结构

资料来源：精准扶贫精准脱贫百村调研十八洞村调研。

（2）教育状况

十八洞村村民受教育程度普遍较低。截至2016年底，全村成年人中具有中专、高中及以上文化程度的占比不超过15%，全村劳动人口中具有中专、高中及以上文化程度的占比不到18%；接近80%的成年人只具有小学或初中文化程度（见图1-2）。

截至2016年底，全村有3~5周岁儿童40人，其中不在学人数9人，占22.5%。全村有小学阶段适龄儿童74人，其中女童23人，占31.1%；在本村上学13人，占全村适龄儿童的17.6%，其中女童10人，占全村适龄女童的43.5%；在乡镇上学21人，占全村适龄儿童的28.4%，其中女童7人，占全村适龄女童的30.4%；在县市上学15

人，占全村适龄儿童的 20.3%，其中女童 4 人，占全村适龄女童的 17.4%；在外地上学 25 人，占全村适龄儿童的 33.8%，其中女童 2 人，占全村适龄女童的 8.7%。全村有中学阶段适龄人口 28 人，其中女生 15 人，占 53.6%；在乡镇上学 20 人，占全村适龄人口的 71.4%，其中女生 10 人，占全村适龄女生的 66.7%；在县市上学 1 人，占全村适龄人口的 3.6%，其中女生 1 人，占全村适龄女生的 6.7%；在外地上学 7 人，占全村适龄人口的 25.0%，其中女生 4 人，占全村适龄女生的 26.7%。村内无义务教育阶段失学辍学情况。村内新成长劳动人口中无初中毕业或高中毕业后未升学等情况，有 10 人参加"雨露计划"。

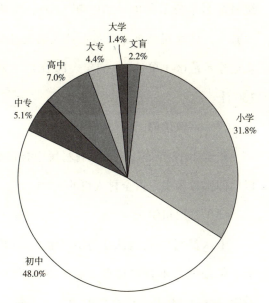

图 1-2　2016 年十八洞村劳动力人口受教育程度

成人教育、技术培训方面，2016年全村共计举办农业技术讲座18次，培训340人次；另有25人次参加过专门的职业技术培训。

（3）乡村文化

作为纯苗族聚居村，十八洞村苗族风情浓郁，苗族原生态文化保存完好，苗族民居特色鲜明。村里有"过苗年""赶秋节""山歌传情"等民族文化活动：每到春节，便有抢狮、接龙、打苗鼓等传统习俗；每逢赶秋节，便组织西瓜节、舞龙、上刀梯、八人秋、椎牛、唱苗歌、苗族绝技等活动。十八洞村还拥有苗绣、蜡染、花带、古花蚕丝织布等文化旅游产品，十八洞腊肉、酸鱼、酸肉、野菜、苞谷烧等多种特色食品。2016年11月，十八洞村被中华人民共和国住房城乡建设部等部门列入第四批中国传统村落名录公示名单。2017年12月，十八洞村被中华人民共和国国家民族事务委员会评入第五批全国民族团结进步创建示范区（单位），同年入选2017名村影响力排行榜300佳。

（4）宗教信仰

截至2016年底，十八洞村村民中有宗教信仰者35人，以信仰佛教为主，占全村人口的3.7%。

（5）基层组织

十八洞村的党员队伍存在年龄结构老化、文化程度低、带动能力不强等特点。截至2016年底，十八洞村共有中共党员24人。其中，50岁及以上党员14人，占全部党员的58.3%；具有高中及以上文化程度党员5人，仅占

20.8%；常在村党员 17 人，占 70.8%，女性党员（含预备党员）3 人，占 12.5%。村支"两委"共 7 人，其中，村党支部 5 人，村委会干部 4 人，交叉任职 2 人；女性 1 人，占 14.3%。村民代表 22 人，其中 2 人在村支"两委"任职。村内设有村务监督委员会，委员 5 人，其中 2 人在村支"两委"任职，3 人为村民代表；设有民主理财小组，小组人数为 6 人，无人在村支"两委"任职，6 人为村民代表。从 2014 年开始，村内开始派驻驻村第一书记和帮扶工作队。截至 2017 年 4 月，驻村第一书记和工作队员始终保持在 6 人左右。

（6）基础设施

作为地处大山深处的国家级贫困村，十八洞村的基础设施十分落后。据介绍，新中国成立 60 多年来，十八洞村始终因资金问题未能修通出山公路。十八洞村原支书龚海华在接受记者采访时曾透露，如果不是省民委帮助修建了一条一车道的土路，总书记来视察都很难进入十八洞村。2011 年 3 月，湖南省民委向十八洞村派驻建设扶贫工作组后，先后筹集资金 510 万元，加强了十八洞村的基础设施建设，其中包括长 1 公里、宽 6 米的进村主干道，2 公里的通寨道路硬化，近 3 公里的机耕道，以及两条长计 3.8 公里的引水渠，灌溉面积达 400 亩。在省民委的帮助下，十八洞村还建成了集文化、健身、服务和办公等于一体的多功能村部。①

① 麻建成、张耀成：《百里苗疆写赞歌——省民委驻花垣县十八洞村工作组建设扶贫侧记》，《民族论坛》2012 年第 11 期，第 12~16 页。

2014年，花垣县委、县政府在十八洞村启动精准扶贫工作后，确立了"短期基础建设、中期民生保障、长期产业发展"的扶贫开发原则，十八洞村的基础设施投入大幅增加，建设进入快车道。驻村工作队提供的资料显示，2013年十八洞村从上级有关部门获得的项目建设资金仅为87.18万元，而2014年和2015年则猛增至1222.73万元和1494.74万元，增幅高达13倍和16倍。在道路建设方面，截至2016年底，十八洞村完成了5公里进村道路的扩宽改造、6公里长的机耕道建设和1118米游步道建设，并完成了村内公共通道、入户道路的青石板改造任务。2014年，在深圳一家企业支持下，十八洞村率先完成了全村农网改造，在所有家庭通电的同时，实现了同网同价。四个村寨还安装了太阳能路灯。2015年，全村安装电视的户数达到220户，覆盖率达97.8%。2016年，全村实现互联网通村，宽带入户150户，覆盖率达66.7%。移动网络信号实现全覆盖。在饮水和水利建设方面，实现全村净化自来水的集中供应和通户通厨。新修人饮及消防水池3个，完成2000多米消防管道铺设及消防栓安装，完成3000米水渠建设。在居住环境方面，全村户均宅基地面积120平方米，居民住房绝大多数为典型的苗族木质结构建筑。通过实施农村"五改"（改房、改厨、改厕、改圈、改浴），村内及周边生活环境得到了有效改善。2016年，全村共有垃圾池6个，垃圾箱42个，垃圾集中处置率达80%。

在公共设施方面，截至2016年，村内有卫生室2个，其中2011年由省民委援建的村卫生室面积达70平方米，拥有具备行医资格证书的村医 2 名，另有接生人员 1 人。村内设有幼儿园，在园人数 29 人；设有学前班，在班人数 40 人；设有小学，占地 150 平方米，配备联网电脑，在校学生 13 人，有本科学历公办教师 1 人。村内还建有面积 150 平方米、藏书 5000 册的图书室 1 个；建有体育健身场所 2 处、棋牌活动场所 2 个；有村民成立的文化社团 1 个。随着精准扶贫工作的推进，十八洞村还逐步建立起电商服务站、金融服务站等现代服务设施。

（7）经济产业

因山多地少、基础设施薄弱，村民文化水平低等原因，长期以来十八洞村的产业发展十分落后，除从事传统种养业之外，以外出务工为主要收入来源；村里也没有形成集体产业和收入。2011~2012 年，在省民委建设扶贫工作组的帮助下，十八洞村扩大了烟叶、西瓜、蔬菜等附加值较高的经济作物的种植面积，开展了肉鸽、生猪等特种养殖，村里部分劳动力经过职业培训后实现了转移就业，村民收入有了一定程度的提高。

2014 年，花垣县委、县政府根据习总书记"实事求是、因地制宜、分类指导、精准扶贫"的重要指示，在十八洞村率先开展精准扶贫试点工作，并根据当地产业基础和资源禀赋状况，制定了《花垣县排碧乡十八洞村2014-2016 年精准扶贫工作总体规划》。① 根据规划所确

① 2015 年前，十八洞村隶属花垣县排碧乡。2015 年花垣县乡镇区划调整后，十八洞村所属的排碧乡与排料乡、董马库乡成建制合并，撤乡设镇后设立双龙镇。

立的"短期基础建设、中期民生保障、长期产业发展"原则，十八洞村在产业发展方面确定了烤烟生产、野生蔬菜种植、猕猴桃开发、发展养殖重点户、林业产业开发、劳动力培训和劳务输出、苗绣织锦开发、农村休闲文化旅游和"十八洞"品牌培育等九个方面的任务以及相应的牵头部门和配合单位。在花垣县相关部门全方位的支持下，十八洞村不仅实现了"三年内稳定脱贫"的规划目标，而且形成了种植、养殖、农副产品及苗绣加工、劳务输出和乡村旅游五大产业支柱。

截至 2016 年，在种植业方面，全村主要种植作物包括冬桃黄桃、猕猴桃、稻谷等，其中，水稻 400 亩，冬桃黄桃 150 亩，猕猴桃 1000 亩（异地流转）。养殖业方面，主要养殖畜禽为猪，年出栏量约为 1600 头，主要用于熏制腊肉，另外还养殖有牛、山羊等大型家畜。加工业除腊肉等农副产品加工外，主要还有苗绣制作和加工。乡村旅游方面，村内已有的旅游服务项目主要包括特色农家餐饮、特色苗乡旅游文化饰品、精准扶贫相关红色线路等，尚未能正式提供十八洞溶洞入洞游览、住宿等服务。

在产业发展模式上，十八洞村进行了"飞地经济"、农旅结合等方面的创新性探索。通过异地流转 1000 亩土地的方式，与当地农业龙头企业苗汉子公司合作开展猕猴桃种植和经营。2016 年，村里还启动"113 工程"，通过鼓励农户种植黄桃、冬桃和稻花鱼（每户种植 10 棵黄桃、10 棵冬桃，养殖 300 尾稻花鱼），并以对外销售桃树采摘权的方式，探索传统种植业与乡村旅游业有机融合的发展模式。项目通过预售 4060 棵桃树的采摘权,实现当年销售收入 170 万元(每棵桃树的采摘权为 418 元)。

在经济组织方面,根据十八洞村提供的资料,截至 2017 年初,十八洞村共培育发展了 9 个农民专业合作社,主要从事猕猴桃、生猪、苗绣以及农家乐等方面的生产经营。2014 年成立的金梅猕猴桃开发专业合作社以财政扶持资金入股方式与当地苗汉子公司合作成立了十八洞村苗汉子果业有限责任公司,主要开展猕猴桃种植。同年成立的木兰乳猪养殖专业合作社在村里养猪大户龙英足的带领下,共有 21 户 81 人从事生猪养殖,平均每户每年保持 10 头左右的养殖规模。2016 年,村里的脱贫典型、养蜂能手龙先兰带动全村 12 户农户成立了苗大姐土蜂蜜专业合作社,由其负责提供技术指导、蜂蜜产品外观的统一设计、包装和对外销售。到 2020 年 7 月,龙先兰已带动十八洞及周边村寨 118 户 562 人加入养蜂行业,养殖规模达到 1000 箱,年销售收入可达 150 万元。在驻村干部的帮扶指导下,村里自 2014 年开始开办农家乐。随着旅游人数的持续上升,农家乐的数量不断增加,从 2017 年的 8 家增加到 2020 年的 10 家以上;一些农户还办起了民宿,合计客房数量在 30 间左右。2019 年 8 月 1 日,第一家由村集体举办的旅游餐厅——思源餐厅正式对外营业。

随着十八洞村产业发展项目的逐步落地,2016 年,村集体收入实现了零突破,从出租集体用房中获得了第一笔 7 万元的租金收入。2019 年,村集体收入突破百万元大关,达到 126.4 万元。获得集体收入后,村里除用集体资金为全体村民支付医疗和养老保险，以及用于奖学、敬老和困难救助等支出外，还开办了思源餐厅，并开始谋划发展其他集体产业。

第二节　致贫原因

一　所处区域整体发展落后

1. 自然环境恶劣

十八洞村虽然景色优美，但地处武陵山集中连片特困地区，生态环境脆弱，旱涝灾害并存，风灾、雨雪冰冻、冰雹等自然灾害易发，部分地区水土流失、滑坡泥石流、石漠化现象严重。这片区域内人均耕地面积较少，且地无三尺平，田地多为"斗笠丘"，承载能力非常有限，如十八洞村人均耕地仅有八分，不适合大规模、机械化作业，限制了传统农业的发展；区域内地形多属于山地地形，道路蜿蜒起伏、崎岖不平，导致基础设施建设成本偏高，出行、运输不便，信息闭塞。

2. 区域整体贫困严重

十八洞村所属的花垣县整体经济发展较为落后，贫困人口多，贫困程度深。花垣县的国民经济和社会发展统计公报显示，2014年、2015年、2016年初步核算的地区生产总值同比仅分别增长 4.0%、0.1% 和 0.5%,其中 2015 年和 2016 年的第二产业增加值还分别下降了 5.3% 和 1.7%,远远落后于全国平均水平。经济增长的缓慢也充分体现在了财政收支数据上,县级财政收入远低于财政支出,绝对缺口呈放大趋势(见表 1-1)。

表 1-1　2014~2016 年花垣县财政收支数据

单位:万元

项目	2014 年	2015 年	2016 年
财政收入	74591	76586	79170
财政支出	190465	240587	255486
收支差	-115874	-164001	-176316

资料来源:2014 年、2015 年、2016 年《花垣县国民经济和社会发展统计公报》。

县域经济整体发展的落后导致所在区域居民收入增长缓慢、贫困人口不能得到充分全面的保障支持。2016 年,花垣县仍有贫困人口 4 万多人,占全县农村人口的 23%,是全国农村低收入贫困人口比例的 3 倍多;全县有 142 个贫困村,占整个行政村总数的 56% 多,比全国行政村的贫困比例高出两倍多;全县农村居民人均可支配收入 7055 元 [1],仅相当于全国平均水平的 54.1% 和全省平均水平的 59.1%;而且花垣县在水、电、路、医疗、教育、卫生、人口素质等各个方面的指标都低于全国和全省的平均水平。

---

[1] 《花垣县 2016 年国民经济和社会发展统计公报》,http://tjj.xxz.gov.cn/tjgb/ xsgb/201703/t20170328_250390.html。

二 区域内部发展不平衡、城乡差异巨大

花垣县整体发展落后，较大程度上导致了其无力解决区域内部、城乡之间的发展不平衡问题，甚至拉大了城乡之间的贫富差距。

1. 收入差距大

花垣县虽然整体收入水平远低于全国平均水平，城乡收入差距却远高于全国平均水平。2014 年、2015 年、2016 年花垣县农村居民的人均可支配收入仅分别相当于城镇居民人均可支配收入的 31.4%、33.0% 和 34.3%（见图 1-3）。

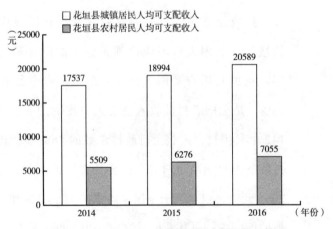

图 1-3　2014~2016 年花垣县城乡居民收入差距

资料来源：2014 年、2015 年、2016 年花垣县国民经济和社会发展统计公报。

2. 社会保障与公共服务水平差异大

城乡之间在社会保障与公共服务水平等方面的差异与不平衡在花垣县也得到了充分体现。花垣县农村的主要产

业还是传统农业，而传统农业本身极易受自然因素、市场因素的影响，抗风险能力较弱，所以农民抵御灾害和防范风险的能力就较弱，加之农村居民无法享有和城市居民同等的医疗、养老、住房、教育、劳动保护、意外灾害保险等保障，因此在农村，因灾、因病、因学致贫返贫的现象非常突出。我们从十八洞村的问卷调查中了解到，在31户受访的贫困户中，因学和因病在致贫原因中并列第四位，均占受访户数的29%（见图1-4）。

三　个体层面原因

1. 客观上缺少劳动技能、缺乏发展资金

全村劳动力中一半以上都外出务工，村中的留守人口多为老人、妇女和儿童，劳动能力较弱，所以村内产业发展较为单一，基本以种植水稻和烤烟为主，且农业生产的水平也较低。全村整体受教育程度偏低，劳动技能不高、致富能力不强，全村劳动力中大专及以上受教育程度占比不到6%。村里引进的一些企业比如水厂、旅游公司在本村都很难招聘到符合条件的工作人员，不得不降低门槛，比如把学历要求降低到初中；而且即使勉强招聘到员工，也会由于没有驾驶执照、不掌握基本的水质检验技术而无法完成岗位要求的工作。我们在调查中发现，村里贫困人口的受教育程度更要低于全村平均水平。在贫困人口的劳动力中，具有高中及以上文化水平的仅占11.12%，低于全村劳动力12.8%的平均水平；而贫困人口劳动力中，文盲

和小学文化程度占比达到35.8%，高于全村34.0%的平均水平。我们的问卷调查结果也表明，缺技术和缺劳力是最主要的两大致贫原因，31户受访贫困户中分别有14户和12户认为缺技术和缺劳力是其致贫的主要原因，占到受访农户的45%和39%（见图1-4）。

十八洞村村民收入非常低，即使部分村民有脱贫致富意愿和创新创业的想法，但也因为缺少资金被束缚了手脚。2013年，十八洞村全村总收入仅165万元，人均纯收入仅有1668元，只相当于同年花垣县农民人均纯收入4903元的1/3。[①] 在十八洞村贫困人口的致贫原因中，认为缺资金的占32%，仅次于缺技术和缺劳力，排名第三位（见图1-4）。

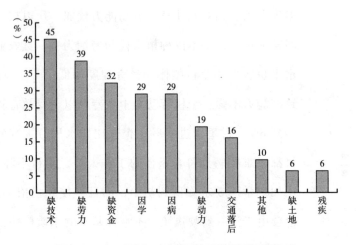

图1-4 十八洞村31户贫困户致贫原因调查结果

资料来源：精准扶贫精准脱贫百村调研十八洞村调研。

---

① 《花垣县2013年国民经济和社会发展统计公报》，http://tjj.hunan.gov.cn/tjfx/tjgb/xqtjgb/xxgxsq/201507/t20150717_3800815.html。

2. 主观上观念保守，意识落后

受交通不畅、信息闭塞等因素影响，村里有相当一部分村民，尤其是留守村民还固守小农经济、计划经济时代的保守观念：一方面，安于贫困的消极思想或"等、靠、要"的依赖思想较为严重，缺乏自力更生、自主创业的发展动力；另一方面，对农业规模化经营、小额信贷、农业保险等现代化的生产和经营方式心存疑虑，难以接受和把握旨在扶持其发展生产、脱贫致富的一些做法和优惠政策。这些保守和落后的思维观念不仅是很多村民长期陷于贫困的重要原因，也成为其把握政策机遇、摆脱贫困的思想桎梏。

我们在十八洞村进行问卷调查发现，有近1/5的受访者认为"自身缺乏发展动力"是其陷于贫困的原因之一。村民们在婚嫁问题上仍持商品化交易的落后观念，在女儿出嫁时索要过高彩礼，致使贫困家庭娶妻成为村里的一大难题。据了解，2014年十八洞全村35岁以上的大龄未婚青年竟有38人（截至2017年，其中12人已脱单）。

又如，很多村民受"家中有粮、心中不慌"观念影响，仍保有强烈的土地情节，不仅每年要拿出三四个月的时间从事耕作劳动，而且不愿接受土地集中流转、实施规模化耕作或经营的做法。对于支持村民创业或发展规模化生产的小额信贷更是持迟疑态度，存在"不敢贷"、"贷了不想还"以及"贷了无力偿还"等现象。驻村工作队的干部告诉我们，截至2017年，村里仅有25户农户申请了小额贷款，贷款总额121.6万元。

受传统自给自足观念影响，以及出于对现代保险业的不信任，村民的保险意识也较为淡薄，在降低其防范疾病或灾害等风险能力的同时，也增加了因病因灾致贫的风险。我们在调研中了解到，杨姐饭庄的女主人曾养羊十多年，是村里的养殖科技示范户，家里的羊群数量多时曾高达 100 多头（按每头羊 800 元的市场价值估算，可为其带来 8 万元的毛收入）。因村里兴建停车场需要，杨姐对家里的羊圈进行了搬迁，并借钱新建了羊圈、购置了新的羊羔。但不幸的是，羊群得了羊痘，又没有购买任何保险，所有的投资损失不得不由自己承担。

第二章

十八洞村的精准扶贫

2013 年 11 月 3 日下午，习近平总书记来到十八洞村调研，与当地干部群众促膝谈心、谋划发展，做出了扶贫攻坚要"实事求是、因地制宜、分类指导、精准扶贫"的重要指示，并明确提出十八洞村扶贫要"可复制、可推广"和"不能搞特殊化，但不能没有变化"的要求。

为贯彻落实总书记的重要指示，花垣县成立了由县委书记任组长，县长任第一副组长，其他 6 名副县级领导任副组长的县委十八洞村精准扶贫领导小组，决定将十八洞村作为全县探索精准扶贫可复制、可推广经验的试点村。①2014 年 1 月 23 日，花垣县委向十八洞村派出第一支精准扶贫工作队和驻村第一书记，正式拉开了十八洞村精准扶贫工作的序幕。

① 罗明：《以十八洞村为试点探索精准扶贫》，《新湘评论》2014 年第 23 期。

第一节　精准因村派人

在 2013 年习总书记视察之前，十八洞村曾是湖南省民委的结对帮扶对象。2011~2012 年，当时的驻村工作组在基层组织建设、基础设施建设、支柱产业发展、民族文化保护等方面开展了大量工作；筹措了 500 多万元资金，帮助村里修建了进村公路、机耕道、引水渠、村部大楼等基础设施，显著改变了十八洞村的面貌。[①] 然而，直至扶贫工作组的到期撤离，全村普遍贫困的状况并未能得到根本改变。

在花垣县委书记罗明看来，过去的结对帮扶机制存在两个明显不足，一是帮扶周期短，一般以两年为一个周期。工作队来到村里后，第一年了解熟悉当地情况，第二年开展基础设施建设，往往还没来得及发展产业，就离开了。二是帮扶力量较为薄弱。一些帮扶单位常常派出单位的闲职人员，而不是骨干力量从事帮扶工作，影响了帮扶队伍的战斗力和工作成效。

根据习总书记"精准扶贫"的最新指示，花垣县委、县政府决定首先在精准派人方面下功夫。根据十八洞村是苗族村寨的特点，花垣县委分别从县委宣传部、统战部、林业局、国土资源局和民政局各选调一名干部，组成了第一支精准扶贫工作队，由县委宣传部常务副部长龙秀林担

---

① 麻建成、张耀成：《百里苗疆写赞歌——省民委驻花垣县十八洞村工作组建设扶贫侧记》，《民族论坛》2012 年第 11 期，第 12~16 页。

任队长。据罗明介绍，这五名干部均是苗族农家子弟出身，会说苗语，熟悉农村，对农民有着与生俱来的亲近感；同时均是原单位后备干部，具有较强的工作领导和组织协调能力。队长龙秀林在担任县委办公室副主任和宣传部副部长之前，做过小学教师和乡镇党委书记，有着丰富的基层工作经验和思想动员、文化宣传能力。在龙秀林的带领下，驻村工作队针对村民观念落后、"等、靠、要"思想严重以及几个村寨之间"面和心不和"等状况，决定把思想文化建设放在首要位置，在十八洞村开展了一系列旨在统一思想和凝聚向心力的思想动员与文化建设活动。2017年11月15日，课题组在花垣县见到龙秀林时，他虽已调离十八洞村一年多，但对十八洞村的工作思路仍能娓娓道来，如数家珍。在他看来，十八洞村精准扶贫最重要的经验在于，通过在群众中倡导"投入有限、民力无穷、自力更生、建设家园"的十八洞精神、举办村民思想道德星级化评比、成立青年民兵突击队等一系列举措有效统一了村民思想，激发了群众的内生发展动力。作为一位前宣传部部长和工作队长，他认为，自己在打造"十八洞"品牌方面也花费了不少的心血。他表示，自己在十八洞村期间，有70%的精力用来做扶贫工作，有30%的精力放在了如何充分利用总书记视察十八洞村的契机"讲好十八洞故事"、打造"十八洞"品牌上。

为更好地整合全县的帮扶力量，同时确保驻村工作队伍的稳定性，花垣县确立了"领导联乡、单位包村、干部驻村、一定三年"的扶贫责任机制，不仅延长了工作队的驻村任期,而且制定了详细的驻村扶贫工作要点和考核实施细则。[①] 例如,所有工作队成员每月驻村要达到 20 天以上,并落实"三同"和"三个一次",即帮扶干部要与群众"同吃、同住、同工作","帮扶单位分管领导每个月到驻点村开展一次检查,主要领导每两个月到驻点村开展一次调研,所有干部职工每个季度到驻点村开展一次活动"。从第一批派驻十八洞村的 6 名工作队员和第一书记的驻村时间看,几乎所有队员都超过了两年,其中队长龙秀林的实际驻村时间为两年五个月左右;第一书记施金通的驻村时间为三年,接任工作队队长的吴式文驻村时间超过三年半,另一位工作队员龙志银的驻村时间超过了四年半。

第二节　精准识别贫困

作为全县最早成立和派驻的扶贫工作队,花垣县委驻十八洞村精准扶贫工作队驻村后的首要任务就是,"在该村率先做好贫困对象精准识别工作,为全县走好精准扶贫第一步探索经验"。[②] 当时,尽管湖南省已经出台了建档

[①] 参见《花垣县 2017 年驻村帮扶工作要点》(花驻扶发〔2017〕2 号)、《花垣县贫困村驻村扶贫工作考核实施细则》(花驻扶发〔2017〕9 号)。

[②] 石林荣等《精准识别贫困对象——花垣县精准扶贫系列报道》,《团结报》,2015 年 11 月 3 日,http://www.xxnet.com.cn/epaper/tjb/html/2015-11/03/content_133705.htm。

立卡工作方案，对贫困对象的识别程序做出了规范化和公开化的要求，但在具体做法上还缺乏实际操作的案例和经验。十八洞村作为最早开展贫困识别的试点村，成了全县乃至全省第一个"吃螃蟹"的村。

2014年春节期间，工作队和村支"两委"在入户调查摸底、召集群众座谈商议的基础上，制定了"十八洞村精准扶贫贫困户识别工作做法"，确定了贫困农户识别的"七道程序"和"九个不评"标准。所谓"七道程序"是指按照"户主申请→投票识别→三级初审→公告公示→乡镇审核→县级审批→入户登记"七道程序开展识别工作。第一步，户主申请或者群众推荐；第二步，以村民小组为单位召开群众大会投票识别并当场公布结果；第三步，由村民代表、村支"两委"成员、乡党委和政府代表及县扶贫工作队三级会审；第四步，将会审结果在村里张榜公布不少于7天；第五步，乡镇审核；第六步，县级审批；第七步，对识别出的贫困对象进行建档立卡，并落实后续帮扶措施。"七道程序"在程序上确保了贫困识别过程的民主参与和公开透明，较大程度上加强了识别结果的公平与公正性。所谓"九个不评"是指有下列九种情况的家庭不能参加贫困户评选，即吃财政饭的不评，有车的不评，有楼房的不评，在县城买了商品房的不评，有小加工企业的不评，全家外出务工的不评，违反计划生育政策的不评，违法违纪的不评，不支持村里公益建设的不评。按照上述方法，十八洞村在当年3月率先完成了贫困识别和建档立卡的前期工作，全村共识别出贫困户136户533人，占全村总人口的 56.8%。

我们在调研中了解到，"九个不评"的标准过于生硬，在实际操作中发挥了"一票否决"的作用，致使一些因生产生活需要举债建房或购车，但实际生活水平较为贫困的农户未能参评或入选，一定程度上影响了贫困识别的精准程度，造成了部分群众不满。在我们问卷调查的 30 户非贫困户中，当被问及"本村贫困户选择是否合理"时，仅有 2 户认为非常合理，4 户认为比较合理，有 14 户选择了不太合理，6 户选择了很不合理，分别有两户选择一般或说不清。负面评价占比高达 2/3，而正面评价仅为 1/5（见图 2-1）。即便在受访的 30 户贫困户中，也仅有过半受访者（53%）对该选项持正面评价，有 17% 的受访者持负面评价，有 30% 的受访者持中性评价（见图 2-2）。这些普

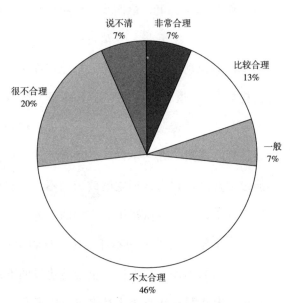

图 2-1　受访非贫困户对本村贫困户选择合理性的评价

资料来源：精准扶贫精准脱贫百村调研十八洞村调研。

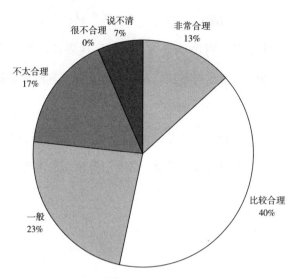

图 2-2 受访贫困户对本村贫困户选择合理性的评价

资料来源：精准扶贫精准脱贫百村调研十八洞村调研。

遍存在的不满情绪对精准扶贫过程中产业扶贫项目的资金配置产生了重要影响。

尽管如此，作为一种没有先例可循的探索性实践，十八洞村在收入水平等贫困识别指标操作性不强、识别任务紧的情况下，以收入来源、住房条件等替代性指标作为判断家庭收入的主要依据，运用"排除法"+"民主票选"的贫困识别办法，较好地兼顾了公平与效率之间的平衡。2014年3月27日，国务院扶贫开发办副主任洪天云在排碧乡进行专项督察后，对当地的精准识别贫困对象工作给予了高度评价，认为"花垣贫困人口识别工作代表了湖南水平，是湖南的缩影"[1]。

借鉴十八洞村先行先试经验，花垣县制定了扶贫对象识

① 花垣县扶贫开发办公室：《精准扶贫在花垣》，2016年1月，第105页。

别"六暂缓、七不进、八优先"的评选标准,并确定了"户主申请、村民小组提名、村民代表评议和票决、村委会审查、乡镇政府审核、县扶贫办复核、县政府审批"等操作程序在全县予以推行。当年9月,花垣县在全省率先识别出贫困对象18773户共74682人,涉及162个行政村。同年11月,该县全面完成了贫困人口的信息录入和建档立卡工作。

第三节　精准使用资金

随着精准扶贫工作拉开序幕,投向十八洞村的财政扶持资金规模有了十分显著的提升。从2013年的87万元增加到2014年的1223万元,2015年进一步增加到1495万元,与2013年相比分别增加了13倍和16倍(见表2-1)。从2014至2015年两年扶贫资金的支出结构看(见图2-3),由扶贫办负责主要用于产业发展和乡村人居环境改造等项目支出占56%,由交通局、水利局、住建局等部门负责主要用于道路修建、水利工程、危房改造等基础设施建设的项目支出占41%,由民宗文旅部门负责主要用于民族村寨建设和特色产业支持的项目支出占3%。其中,产业发展扶持资金的规模从2013年的10万元增加到2014年的653万元,增幅超过64倍;其中,2014年猕猴桃项目获得的扶持资金就达599万元,占全部产业扶持资金的90%以上。2015 年和 2016 年，猕猴桃项目再次获财政补贴 200 万元和 150 万元，用于项目培管支出。至此，这一十八洞村最大的产业扶持项目在 2014~2016 年共获财政扶持资金 949 万元（未包含贷款贴息部分）（见表 2-2）。

表 2-1　十八洞村财政扶持项目资金统计（2013~2015 年）

单位：万元

项目资金名称	2013 年	2014 年	2015 年	合计
扶贫办	10	714	808	1532
国土局	0	25.5	46	71.5
交通局	57.18	293.73	385.16	736.07
住建局	0	30.5	0	30.5
水利局	0	40	155.58	195.58
民宗文旅局	20	72	20	112
以工代赈	0	47	80	127
合　计	87.18	1222.73	1494.74	2804.65

资料来源：精准扶贫精准脱贫百村调研十八洞村调研。

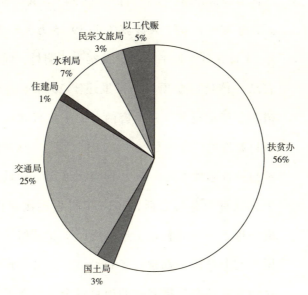

图 2-3　十八洞村财政扶持资金支出结构（2014~2015）

资料来源：精准扶贫精准脱贫百村调研十八洞村调研。

表2-2　十八洞村猕猴桃项目财政扶持资金统计

单位：万元

年份	产业到户（村）资金		建园培管	贷款贴息	合计
2014	到村：71.85		305	1000万元信贷资金的贴息	599
	到户：222.15				
2015			200		200
2016			150		150
合计	294		655		949

资料来源：精准扶贫精准脱贫百村调研十八洞村调研。

从产业扶持资金的分配情况看，在充分考虑群众意见的基础上，为调动全村群众发展致富产业的积极性，十八洞村大体上采取了普惠但有差别的分配原则。以村里最大的产业扶贫项目——猕猴桃项目为例，产业发展到户资金按贫困人口3000元/人、非贫困人口1500元/人的标准进行补贴，全村贫困人口542人共获资助162.6万元，非贫人口397人共获资助59.55万元。为纪念2013年11月3日习近平总书记视察十八洞村，同时尝试发展农旅一体化产业项目，村里还于2014年启动了种植桃树和养殖稻花鱼，并出售两者的采摘权和捕捉权、带动乡村旅游的产业项目——"113工程"。该项目也是全村参与的普惠性项目，继2014年获5万元财政扶持资金用于村民种植冬桃之后，2016年村里再次获得44.2万元资助用于项目的新建（集体桃园）和补植工程，全村贫困户与非贫困户都拿到了补贴款。此外，用于奖励、补贴油菜种植和生猪养殖的项目资金也以普惠但向贫困户倾斜的方式进行分配。从2016年产业项目资金的分配看，共支持贫困户 139 户（其中 3 户为贫困户的新立户）195508 元；支持村集体 178948 元；支持鼓励非贫困户 96 户（其中 7 户为新立户的非贫困户）155544 元。尽管从项目资金的总体规模看，贫困户总体受益规模要高于非贫困户；但从户均受益金额看，贫困户户均受益 1407元，非贫困户户均受益 1620 元，后者反而高出前者 200多元（见表 2-3）。

表 2-3　2016 年十八洞村产业扶贫项目资金一览

单位：元

产业财政扶持项目		贫困户	非贫困户	村集体	合计
油菜种植奖补		29 户 123 人	24 户 128 人		9060
生猪养殖奖补		43 户 182 人	18 户 105 人		78750
113 工程	补植桃树苗	136 户 533 人	89 户 406 人		32000
	稻花鱼苗	136 户 533 人	89 户 406 人		12258
	村集体新建桃园	218984		178948	397932
合计		195508	155544	178948	530000

资料来源：精准扶贫精准脱贫百村调研十八洞村调研。

针对 155544 元财政扶持资金直接支持非贫困户的做法，十八洞村支部和村委会在 2016 年产业扶贫项目的总结报告中专门做出了如下解释："当时在研究这项政策时……刚开始我们只想支持精准识别的贫困户，但村里在召开村支两委会、村民代表大会、村民大会广泛征求意见时，大部分群众对此意见大，情绪很不稳定，加上十八洞村决定率先在 2016 年全面脱贫并摘帽，时间紧、任务艰巨。为此，驻村工作队和村支两委班子以及村民小组长通过深入农户认真调查了解情况，并多次召开村支两委会议、村民代表和党员代表会议、村民大会共同研究，最终达成如下一致意见：为充分调动全村群众发展致富产业的积极性，防止部分家底基础比较薄弱且极易出现返贫的非贫困户出现返贫现象，决定突破财政扶持资金只支持贫困户的这一硬性政策规定，所以将扶持政策面扩大到全村对产业发展积极性高的农户，从而出现非贫困户有财政扶持资金支持的情况。"

如果结合我们在问卷调查中发现的受访村民对贫困户识别合理性存在的质疑态度，或许能更好地理解村民在扶贫资金配置问题上"意见大、情绪很不稳定"的原因。我们从精准扶贫实施之前的文献中了解到，2010 年前后，十八洞村的农民人均年纯收入为 1840 元（当年全县农民年人均纯收入 3289 元），还高于 2013 年 1668 元的水平，但当时认定的贫困户仅有 27 户，占全村总户数的 12% 左右。而 2014 年经精准识别认定的贫困户达 136 户，占比超过 60%。这些情况反映了在广大农村，在收入来源和水平难以追踪和量化的情况下，贫困识别问题长期存在的困境。正是由于精准识别存在难以克服的困难，在财政扶持资金的分配上出现普惠式的"变通"，就成为一种更具民意基础的选择。

第四节 精准安排项目

自 1994 年实行财政税收体制改革以来，国家财政以专项化和竞争性项目资金的方式实行转移支付，成为除工资和日常支出外，几乎所有建设和公共服务领域最主要的财政支付手段。在此背景下，"项目下乡"也成为推动农村扶贫开发的重要杠杆。而项目安排是否精准也成为精准扶贫的关键所在。[①]

如上所述，自 2014 年启动精准扶贫以来，十八洞村获得的财政扶持资金规模有了十分显著的提升，从 2013 年的 87 万元增加到 2014 的 1223 万元，2015 年进一步增加到 1495 万元，与 2013 年相比分别增加了 13 倍和 16 倍（见表 2-1）。从 2014 至 2015 年两年扶贫资金的支出结构看，由扶贫办负责主要用于产业发展和乡村人居环境改造等项目支出占 56%，由交通局、水利局、住建局等部门负责主要用于道路修建、水利工程、危房改造等基础设施建设的项目支出占 41%，由民宗文旅部门负责主要用于民族村寨建设和特色产业支持的项目支出占 3%。如果将扶贫开发部门用于乡村人居环境改造以及民宗文旅部门用于民族村寨建设的支出项目计算在内，十八洞村基础设施项目支出的占比应该超过一半。

---

① 陆汉文、黄承伟主编《中国精准扶贫发展报告（2017）》，社会科学文献出版社，2017，第 66~68 页。

根据 2015 年底十八洞村上报的"十三五"农村精准扶贫规划项目汇总表,"十三五"期间,十八洞村在精准扶贫项目方面计划投入 8985 万元。从规划项目的资金来源看,财政扶持专项资金计划投入 1199 万元,占 13.3%;行业部门资金 4432 万元,占 49.3%;业主投入 1734 万元,占 19.3%;农民自筹 1620 万元,占 18%。这一资金来源结构表明,国家财政专项资金和行业部门资金仍是十八洞村精准扶贫项目资金的主要来源,两项来源合计 5631 万元,占比 62.6%。如果加上 2014 年、2015 年的财政投入(未包含社会保障和助学培训项目资金),则 2014~2020 年十八洞村预计获得的财政扶持项目资金将达 8349 万元,年均接近 1200 万元;如果以花垣县年均投入财政涉农资金 3 亿元计算,则贫困人口占全县不到 1% 的十八洞村获得的年财政扶持资金占比为 4% 左右。①

从上述规划项目的类型来看,按投资规模大小依次为产业发展项目 5080 万元(其中,特色种养投入 3580 万元,苗绣加工 200 万元,乡村旅游基础设施 1200 万元,电商及市场设施 100 万元),占比 56.5%;基础设施和公共服务项目 3460 万元(其中旅游相关基础设施 2530 万元),占比 38.5%;社会保障和助学培训项目分别为 180 万元和 160 万元,占比分别为 2%、1.8%;搬迁改造项目 105 万元,占比 1.2%(见表 2-4)。

---

① 花垣县财政局对外公布的数据显示,2016~2019 年 8 月,该县累计统筹整合各类财政涉农资金 119698.26 万元,年均整合涉农资金约为 3 亿元。花垣财政局:统筹整合财政涉农资金助力脱贫攻坚,http://news.xxnet.com.cn/h/25/20190816/158462.html。

表2-4　十八洞村"十三五"农村精准扶贫规划项目汇总

单位：万元

规划项目	财政扶持专项资金	行业部门资金	业主投入	农民自筹	合计
产业发展	910	1480	1220	1470	5080
社会保障		170	10		180
助学培训	59	77	24		160
搬迁改造		35		70	105
基础设施和公共服务	230	2670	480	80	3460
合计	1199	4432	1734	1620	8985

资料来源：精准扶贫精准脱贫百村调研十八洞村调研。

　　由具体项目的投入规模可以看出，旅游相关基础设施建设和特色种养项目是投入规模最大的两类，其中前者以财政扶持和行业部门资金为主，后者以业主和农户自筹资金为主。在特色种养项目中，仅猕猴桃项目的自筹资金规模就达1350万元。随着2017年花垣县启动畜禽养殖禁养区养殖场关闭退养工作以及十八洞村乡村旅游规划的落地，山羊和生猪等有一定环境影响的规模化养殖项目已经停止；与之相对应，游客服务中心、教育培训中心、停车场等乡村旅游服务设施成为十八洞村"十三五"期间的项目投资重点。上述分析表明，随着前期产业扶持资金重点投入的猕猴桃项目逐渐由"输血"向"造血"转变，十八洞村产业扶持的重点已由特色种养向乡村旅游转移。值得注意的是，整个"十三五"期间，十八洞村在教育基础设施方面的投入为零，公共医疗服务设施的投入仅为5万元，主要用于飞虫寨的医务室改造。

第五节　精准措施到户

根据"领导联乡、单位包村、干部驻村、一定三年"的扶贫责任机制，花垣县委指定县扶贫开发办和苗汉子野生蔬菜专业合作社为十八洞村的帮扶责任单位。2015 年以后，根据上级部门的工作部署，十八洞村进一步落实帮扶到户责任，建立一对一结对帮扶机制。从 2016 年十八洞村的结对帮扶台账可以看出，县扶贫开发办、苗汉子野生蔬菜专业合作社以及驻村工作队的 35 名党员干部结对十八洞村的 136 户贫困户 533 人，平均每名干部结对 4 个贫困户，对其履行帮扶责任。帮扶台账详细列举了 136 户贫困户的致贫原因，其中，缺技术的 118 户，缺资金的 25 户，缺劳力的 12 户，缺土地的 10 户，因病或因残致贫的 9 户，因学致贫的 5 户，缺乏发展理念或思路的 2 户。针对每个贫困户的致贫原因以及发展意愿，帮扶单位和责任人要帮助提供或落实相应的帮扶措施，明确每项帮扶措施的投入情况、预期增收情况、收益年限和脱贫目标（见图 2-4）。

从所采取的帮扶措施来看，主要有三类：第一类是普惠性产业增收和人居环境改善项目，主要是通过全村普遍参与的猕猴桃项目、"113 工程"等实现普遍增收，同时通过道路、水电设施建设以及"五改"项目，改善村民生活条件和村居环境。

第二类是政策扶持类项目。其中，对于低保户、无劳力、有重大疾病的贫困户，按照兜底政策发放低保金并

十八洞精准扶贫干群结对帮扶牌

农户主照片	户主:	龙**	帮扶干部照片	干部	覃勇
	组别:	1		单位:	苗汉子合作社
	年龄:	44		职务:	副总裁
	电话:	137390272**		电话:	135743018**

农户家庭基本情况							结对帮扶基本情况					
家庭成员	与户主关系	年龄	文化程度	身体状况	2013年人均收入	致贫原因	帮扶措施	投入情况	增收情况	脱贫年限	受益年限	2016年人均纯收入
龙**	户主	44	小学	健康			1. 113工程	户购冬桃10株、蟠桃10株、稻花鱼300余	2016年已增收2150元。		30年以上	
杨**	妻子	45	小学	健康			2. 花卉产业	企业帮扶户约3000余元	2015到2016年分别增收2000元、共4000元		2-3年	
龙 *	长子	20	初中	健康			3. 苗绣入社	根据实际情况	每年增收1500元以上		长久	
龙 *	次子	12	小学	健康	2000元	缺技术	4、青石板路和水、电改造帮扶	房整屋修改造青石板、自来水和电入户	改善生存环境，提高基生活水平	2016年	长久	6275元
							5、助学帮扶	1500元	1500元		长久	
							6、创业培训和思想建设帮扶	根据家庭实际情况进行帮扶	智力增收		长久	
							7、发放各类补贴	生态、油菜、良种、粮保等补贴	3249元		长久	

图2-4 十八洞村结对帮扶牌

资料来源：精准扶贫精准脱贫百村调研十八洞村调研。

争取政府和社会帮扶金给予支持，在医疗养老保障上给予倾斜，比如对于曾经的国家级建档立卡贫困户即使脱贫后医保缴费仍只需缴纳150元的一半，即75元。2016年，全村75户尚未脱贫的贫困户获得低保补助、民政救助、养老金、残疾人护理补贴以及合作医疗补偿救助等共计156597元。对于有学生就学家庭，借助"特困助学""雨露计划"等贫困助学项目发放助学补贴，补贴标准为：幼儿园1000元/年，小学1500元/年，初中2000元/年，高中2500元/年，专科新生3000元，本科新生5000元。2016年全村有38户农户接受助学补贴共计 77750 元。对于参加退耕还林，或享受政策性补贴种养项目的，则落实政策性补贴。2016 年，全村尚未脱贫的 75 户贫困户共享受耕地地力保护、退耕还林、公益林、养猪等各类补贴 126398 元。

第三类是针对性帮扶措施。例如，对于有外出务工意愿但缺乏劳动技能的，采取职业技能培训、与用工企业对接安排务工等措施，增加其就业机会；对于想在家门口创业或就业，且有条件或有能力参与乡村旅游服务的贫困户，从开农家乐、小卖店、苗绣加工、导游讲解、环境保洁、交通疏导等方面支持其发展；对于有养殖意愿，但缺少资金、技术的贫困户，帮扶措施是鼓励村里的养殖大户隆英足、隆成志等扶持带动共同发展生猪、黄牛、山羊养殖。对于缺乏资金的贫困户，帮扶措施除组织村民以土地质押入股、提供劳动力等形式换取产业启动的基本资金来解决资金短缺的部分问题外，还协调财政部门和金融机构为贫困人口参与产业经营项目提供财政支持和金融贷款。截至 2016 年底，全村有 21 户农户获得了金融部门评估授信的小额信贷。对于家中主要劳动力外出打工，仅有留守妇女、老人和儿童，但又有一定劳动能力的贫困户，帮扶措施是成立村苗绣合作社，组织在村妇女、老人在家门口实现就业。对于村里尚未"脱单"的大龄男青年，则以组织集体相亲会等方式提供帮助。

第六节　精准脱贫成效

随着精准扶贫工作的稳步推进，以及思想、设施和产业三大建设举措的逐步落地，十八洞村的精准脱贫也以"三步走"的方式得以顺利实现。在 2014 年精准识别出的国家级建档立卡贫困户 136 户 533 人中，有 9 户 46 人率先于 2014 年底脱贫，脱贫对象主要是村里的主干和各村民小组的组长。有 52 户 223 人于 2015 年底脱贫，主要是外出务工和经商家庭。2016 年底，随着剩余的 75 户 264 人宣布脱贫，全村 136 户 533 名贫困人口全部实现脱贫，贫困发生率由 2013 年底的 56.76% 降至 1.17%（有兜底贫困户 6 户 11 人），全村人均纯收入由 2013 年的 1668 元增加到 2016 年的 8313 元。

对全体村民以及贫困户的经济与收入结构进行分析和比较可以看出，外出务工比重的提升、经营性收入的增加以及转移性收入的落实，是推动十八洞村贫困人口稳步脱贫的主要贡献力量。2016 年，全村 136 户已脱贫的国家级建档立卡贫困户的收入构成中，74.5% 来自外出务工的工资性收入，13.7% 来自生产经营性项目收入，10.3% 来自政策性补贴等转移性收入。除了收入来源的增加和收入水平的提升外，基础设施与公共服务等非收入性指标的改善，尤其是教育、医疗、养老等公共服务和社会保障救助机制的完善，对于降低贫困户因病、因学、因灾致贫或返贫风险起到了更好的保障作用。

一 经济与收入结构的变化

十八洞村 2014 年识别的国家级建档立卡贫困户有 136 户（以下简称原建档立卡贫困户）533 人。这一群体的人均纯收入 2013 年仅为 1659 元，到 2016 年达到了 8525 元，三年增长达到 413.9%，年均增长 72.6%。同一时期，全村人口的年人均纯收入由 2013 年的 1668 元增加到 2016 年的 8313 元，三年增长接近 400%，年均增长 70.8%。从这些数据看，通过精准帮扶，2014~2016 年十八洞村贫困人口收入的增长速度稍快于全村人口，收入水平已超过全村平均水平。

1. 外出务工比重和工资性收入

2016 年底，原建档立卡贫困户的劳动力外出务工比例达到 71.2%，比 2013 年底的 58.1% 上升 13.1 个百分点。同一时期，全村劳动力外出务工占比由 2013 年底的 55.7% 上升到 2016 年底的 62.4%。贫困户外出务工的比重以及这一比重的上升速度都高于全村平均水平。

2016 年全年，全村人口通过务工获得的工资性纯收入（包含动物防疫员、村干、打工等）人均为 6461 元，占全年人均纯收入的 77.6%。全部原建档立卡贫困户通过务工获得的工资性纯收入人均为 6324 元，占全年人均纯收入的 74.5%（见表 2-5）；其中，2014 年脱贫的原建档立卡贫困户在脱贫时务工获得的工资性纯收入占当年人均纯收入的 55.2%，到 2016 年时该比例上升到 78.5%；2015 年脱贫的原建档立卡贫困户在脱贫时务工获得的工资性纯收

表2-5　2016年原建档立卡贫困户与全村农户平均收入结构比较

单位：%

项目	分项	全村农户	原建档立卡贫困户	结构差异
务工收入（包含动物防疫员、村干、打工等）		77.6	74.5	-3.1
财产性收入		0.9	1.4	0.5
转移性收入		8.4	10.3	1.9
	学生受助（含特困助学、雨露计划等）	1.0	1.5	0.5
	低保补助和民政救助	1.6	2.3	0.7
	养老金	1.8	2.1	0.2
	残疾人护理补贴	0.1	0.1	0.0
	合作医疗补偿救助	0.5	0.4	-0.2
	耕地地力保护补贴	1.3	1.4	0.1
	困难村干补贴	0.1	0.1	0.1
	农机具购置补贴	0.1	0.1	0.0
	退耕还林补助	1.1	1.2	0.1
	生态公益林补贴	0.7	0.8	0.1
	油菜良种和油菜籽补贴	0.0	0.0	0.0
	玉米良种补贴	0.0	0.0	0.0
	中稻良种补贴	0.1	0.2	0.1
	计生奖励扶助补贴	0.0	0.0	0.0
	城乡困难群众一次性生活补贴	0.1	0.1	0.1
生产经营性收入		13.1	13.7	0.6
	花卉产业收入	0.0	0.0	0.0
	养猪补贴	1.0	1.3	0.2
	油菜种植补贴	0.1	0.1	0.0
	"113工程"桃树管理款	11.0	11.5	0.5
	其他生产经营收入	3.2	2.8	-0.3
生产经营支出		-2.2	-2.0	0.2

资料来源：精准扶贫精准脱贫百村调研十八洞村调研。

入占当年人均纯收入的 81.9%，到 2016 年时该比例上升到 82.4%；2016 年脱贫的原建档立卡贫困户在脱贫时务工获得的工资性纯收入占当年人均纯收入的 67.2%。从以上数据看，务工获得的工资性纯收入仍是贫困户的最主要收入来源（见图 2-5）。

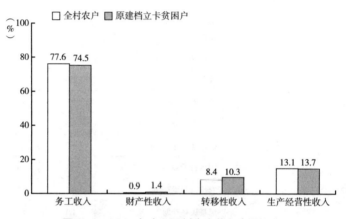

图 2-5　2016 年十八洞村农户收入来源构成

资料来源：精准扶贫精准脱贫百村调研十八洞村调研。

2. 支柱性产业和生产经营收入

随着精准扶贫精准脱贫工作的深入，十八洞村贫困村民生产经营性收入的来源更加多元：2014 年主要是花卉产业收入和苗绣产业收入，当年脱贫的建档立卡贫困户生产经营性收入人均达到 3026 元，占当年人均收入的 33.8%；2015 年主要是花卉产业收入，当年脱贫的建档立卡贫困户生产经营性收入人均达到 1083 元，占当年人均收入的 10.2%；2016 年支柱性产业种类增多，出现了包括花卉、养猪、油菜、"113 工程" 在内的多个支柱性产业（见图

2-6），当年脱贫的建档立卡贫困户生产经营性纯收入人均
达到 1317 元，占当年人均纯收入的 16.7%。

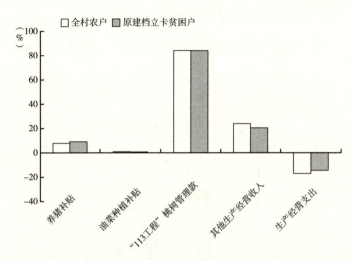

图 2-6　2016 年十八洞村农户生产经营性收支构成

资料来源：精准扶贫精准脱贫百村调研十八洞村调研。

　　2016 年，全村人口通过支柱性产业获得的生产经营纯
收入人均为 1089 元，占全年人均纯收入的 13.1%。全部
原建档立卡贫困户通过支柱性产业获得的生产经营纯收入
人均为 1165 元，占全年人均纯收入的 13.7%（见图 2-5）；
其中，2014 年脱贫的原建档立卡贫困户到 2016 年时该比
例为 14.9%；2015 年脱贫的原建档立卡贫困户到 2016 年
时该比例为 10.2%；2016 年脱贫的原建档立卡贫困户该比
例为 16.7%。从以上数据看，支柱性产业获得的生产经营
收入构成了全村村民尤其是贫困户较为稳定的收入来源。

　　3. 各类补贴和转移性收入
　　十八洞村村民享受的补贴比较稳定，主要包括耕地地

力保护补贴、退耕还林补助、生态公益林补贴、油菜良种和油菜籽补贴、玉米良种补贴、中稻良种补贴等村民普遍享受的农业补贴，计生奖励扶助补贴、养老金等符合条件就能领取的补贴，以及如低保补助和民政救助、学生受助（包括特困助学、雨露计划等）、残疾人护理补贴等救助性补贴（见图2-7）。

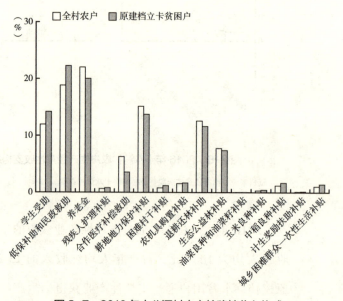

图2-7 2016年十八洞村农户转移性收入构成

资料来源：精准扶贫精准脱贫百村调研十八洞村调研。

通过各种补贴获得的转移性收入在短期内有效地增加了十八洞村村民的收入。2014年当年脱贫的建档立卡贫困户转移性收入人均为985元，占当年人均收入的11.0%；2015年当年脱贫的建档立卡贫困户转移性收入人均为845元，占当年人平收入的7.9%；2016年当年脱贫的建档立卡贫困户转移性收入人均为1122元，占当年人均纯收入的 14.2%。

2016 年全年，全村人口转移性收入人均为 700 元，占全年人均纯收入的 8.4%。全部原建档立卡贫困户的转移性收入人均为 873 元，占全年人均纯收入的 10.3%（见表2-5）；其中，2014 年脱贫的原建档立卡贫困户到 2016 年时该比例下降为 6.6%；2015 年脱贫的原建档立卡贫困户到 2016 年时该比例下降为 6.3%。从以上数据看，随着脱贫人口从务工获得的工资性收入、支柱性产业获得的生产经营收入种类的增加、来源的稳定，转移性收入在收入中的占比正在下降。

4. 财产性收入

财产性收入是十八洞村村民收入中的薄弱环节。2016年全年，全村人口财产性收入人均仅为 74 元，占全年人均纯收入的 0.9%。全部原建档立卡贫困户财产性收入略高，人均为 121 元，占全年人均纯收入的 1.4%；其中，2014 年脱贫的原建档立卡贫困户到 2016 年时没有财产性收入；2015 年脱贫的原建档立卡贫困户到 2016 年时该比例为 1.1%；2016 年脱贫的原建档立卡贫困户该比例为1.9%。提高财产性收入将是未来增加十八洞村村民收入的有效途径。

二 非收入性指标的改善

根据财政扶持资金的支出结构可知，交通、水利等基础设施建设是其主要投入领域，如果加上通过扶贫开发部门投入的用于乡村人居环境改造部分的支出，基础设施全部支出的占比已超过一半。三年来，通过"三通"、"五改"及公共服务设施建设，十八洞村村民的生产生活设施条件得到显著改善。三年来，村里完成了5公里进村道路扩宽改造，6公里的机耕道建设，以及村内公共通道、入户道路的青石板改造任务。完成4500米水渠建设，实现自来水入户入厨；完成农村电网改造，使农户用上同网同价放心电。为配合乡村旅游的发展规划，村里还建设了村级游客服务中心、3个停车场、观景台、1118米长的游步道。公共服务方面，维修和改造了村里的两所小学——竹子小学和排谷美小学，实行村小分级分班教学，建立健全学区教师交流机制，不让下一代输在起跑线上。建成了两个村卫生室。村内建有面积150平方米、藏书5000册的图书室1个；建有体育健身场所2处、棋牌活动场所2个；有村民成立的文化社团1个。建立了村级电商服务站、村级金融服务站、村级邮政便民服务站；无线网络覆盖了全村，全村安装了太阳能路灯，村居面貌焕然一新。从"两不愁三保障"方面看，村民在义务教育、家庭基本医疗和住房保障方面也得到了较为全面的覆盖。全村有46人享受低保补助和民政救助，参加城乡居民基本养老保险489人，参加新型农村合作医疗862人，参合率达到了100%。"两不愁三保障"已基本实现，村民的上学难、就医难、住危房等问题得到了较好解决。

第七节　小结

作为先行先试探索精准扶贫有效路径的试点村，花垣县委克服过去驻村帮扶周期短、帮扶队伍力量薄弱、帮扶措施不精准等不足，从县委、县政府相关部门抽调骨干力量，组建并向十八洞村派出了一支由六人组成的驻村工作队，在驻村帮扶长期化、制度化和精准化方面进行了最早的探索。在没有先例可循的情况下，十八洞村在摸底调查的基础上，以"九个不评"的排除法和民主评议的"七道程序"相结合的方式，先行完成了贫困识别工作，为花垣县在全县范围推进精准识别工作提供了重要范本。尽管用排除法识别贫困的方法存在标准过于生硬等缺陷，但在农户收入来源、水平难以准确量化以及识别任务紧的情况下，上述方法有效避免了贫困识别中的平均主义陷阱，实现了公平与效率的有机结合。但也必须承认，在村民收入水平差距并不明显、贫困普遍存在的情况下，贫困识别无法做到绝对公平，因而不可避免地会在群众中引发一定程度的不满。在十八洞村，这种不满在扶贫项目的安排和财政扶持资金配置时充分表现出来，最终促使村里在扶贫资金分配时，突破了财政扶持资金只支持贫困户的政策规定，采取了普惠且有差别（向贫困户倾斜）的分配原则。

自 2014 年以来，十八洞村获得的财政扶持资金规模有了十分显著的增长，从 2013 年的 87 万元增加到 2014的 1223 万元，2015 年进一步增加到 1495 万元，与 2013

年相比分别增加了 13 倍和 16 倍。十八洞村提供的资料显示，2014~2020 年十八洞村预计获得的财政扶持项目资金将达 8349 万元，年均接近 1200 万元。对这些项目资金的用途分析表明，基础设施建设始终是财政扶持资金投入的重点。财政资金对产业建设的扶持，以 2017 年为分水岭，实现了由以猕猴桃为代表的种养项目向乡村旅游项目的转变，推动了十八洞村产业结构的转型升级。与基础设施和产业建设相比，财政扶持资金在教育、医疗等公共服务领域的投入显得十分薄弱，值得引起相关部门的重视。

经过三年的努力，十八洞村 136 户贫困户于 2016 年全部实现脱贫。对十八洞村 2016 年的经济收入结构进行分析表明，外出务工比重的提升、经营性收入的增加以及转移性收入的落实，是推动十八洞村贫困人口稳步脱贫的主要贡献力量。外出务工的工资性收入仍是贫困户的主要收入来源，占比接近 3/4。2017 年之后，随着十八洞村山泉水厂、旅游开发公司等项目的逐步落地，十八洞村村民在家门口就业和创业的机会显著提升，本地就业收入和经营性收入的比重增加，成为巩固十八洞村脱贫成效的重要收入来源。

第三章

十八洞村的发展机遇

自 2013 年习近平总书记视察十八洞村以来，当地政府、驻村工作队、十八洞村村支"两委"和全体村民以总书记的重要指示为指引，在探索精准扶贫精准脱贫有效路径的过程中，发挥了巨大的主观能动性和创造性，在精准识别贫困户、基层组织建设、村民思想道德建设、相亲扶贫、发展猕猴桃产业和乡村旅游等方面进行了大胆探索，取得了十分突出的成效。这些难能可贵的基层探索成功地将十八洞村打造成为全国精准扶贫的一面旗帜。

同时也要看到，总书记视察十八洞村以及中央媒体配合全国脱贫攻坚行动对十八洞村持续广泛的报道，不仅有效提升了十八洞村在全国的知名度和影响力，更为十八洞村的发展，尤其是十八洞村基础设施建设和相关产业发展，提供了非常关键且不可多得的外部机遇。一定程度上说，是这些外部的机遇促成了十八洞村"借力"发展模式的成功。

第一节　总书记视察十八洞

　　自党的十八大召开到十八届五中全会明确将精准扶贫作为打赢脱贫攻坚战的基本方略，党的精准扶贫思想经历了一个逐步深化和系统化的过程。在精准扶贫由论述到思想再到战略予以实施的演进过程中，十八洞村无疑具有非常特殊的意义。

　　2013年11月3日，习近平总书记一行来到花垣县十八洞村梨子寨，在探望了石拔专和施成富两户村民家后，在施成富家门前的坪坝上召开了现场座谈会。正是在这次座谈会上，总书记第一次提出了"精准扶贫"的重要论述。他向现场的干部群众强调，"我们在抓扶贫的时候，切忌喊大口号，也不要定那些好高骛远的目标"，"扶贫攻坚要实事求是、因地制宜、分类指导、精准扶贫"。对于十八洞村的扶贫工作，总书记还提出了"不栽盆景、不搭风景""不能搞特殊化，但不能没有变化"，要探索"可复制、可推广经验"等具体要求。

　　总书记的到访使这座饱受贫困之苦的苗乡古寨迎来了前所未有的发展机遇，这种发展机遇主要体现在以下三个方面。

　　首先，为贯彻落实总书记在座谈时提出的"实事求是、因地制宜、分类指导、精准扶贫"的重要指示和"探索可复制、可推广经验"等要求，花垣县委、县政府做出了以十八洞村为试点，探索民族贫困地区脱贫致富新路子的决定。十八洞村成为全县践行精准扶贫的"试点村"和探索可复制可推广经验的"样本村"。

　　根据这一决定，花垣县委从县委宣传部、统战部、林业局、民政局和国土资源局五个部门抽调 5 名干部（均为科级干部）组成了花垣县第一支精准扶贫驻村工作队，于 2014 年 1 月 23 日正式派驻十八洞村。在没有先例可循的情况下，花垣县委县政府、驻村工作队和村支"两委"围绕"精准"二字下功夫，在识别贫困户、实施帮扶措施以及发展产业等方面先行先试，取得了突出的成效。十八洞村最早探索实施的识别贫困户的"九个不评"+"七道程序"，经局部调整后在全县范围内得到推广，为精准识别标准和方法的最终确立提供了最早的范本。在产业发展方面，根据十八洞村土地资源和经营人才匮乏的基本现状，当地又确立了"龙头企业带动＋域外发展"的特色种植业发展思路，在位于十八洞村 30 多公里之外的道二乡流转 1000 亩土地，作为龙头企业苗汉子公司和十八洞村合作的猕猴桃种植基地，探索在全县可复制、可推广的特色产业扶贫新路子。这些卓有成效的探索，不仅为精准扶贫在花垣全县范围的实施推广提供了"样板"，而且为扶贫攻坚行动在全国范围内的实施推广提供了重要的地方经验。

其次，总书记视察十八洞对时曾赞誉这里为"小张家界"，这让当地干部群众看到了发展乡村旅游的机会。但是如何在峰峦叠翠的自然景观和苗族村寨的旅游元素之外，确立自己的特色呢？随着党中央以精准扶贫方略打赢脱贫攻坚战战略构想的逐步确立和实施，他们意识到总书记在十八洞村首次提出的"精准扶贫"论述在打赢脱贫攻坚战的战略部署中有着独特的里程碑意义，于是"精准扶贫首倡地"这个概念被提炼出来，成为十八洞村独一无二的标签。为了凸显十八洞村的"首倡地"特色，村里开始着力打造以首倡精准扶贫为主题的红色旅游路线，不仅将当时总书记举行座谈会的现场进行了保护和复原，修建了便于游客参观游览的精准坪广场（见图3-1），而且让总书记探望过的石拔专和龙德成两位老人做了村里的"旅游大使"，现身说法向游客介绍总书记和她们拉家常的各

图3-1　十八洞村精准坪广场

（刘艳红拍摄，2020年8月）

种细节和片段。被总书记亲切称呼为"大姐"的石拔专老人，出现在十八洞猕猴桃、山泉水的各种宣传广告上，成为十八洞名副其实的"代言人"。2018 年，十八洞村成功晋升湖南省旅游部门新推出的红色旅游景区潇湘"红八景"之列。

最后，总书记的视察，不仅将"精准扶贫试验田"的特殊使命降临到了十八洞村，也引发了"能人"回乡创业的热潮。村里一些在外打工的年轻人，从电视上得知总书记视察十八洞村的消息后，敏锐地捕捉到了改变自身和家乡命运的机会。施进兰就是其中最早采取行动的人。据他回忆，当时他和妻子还在浙江温岭的一家企业上班，他是厂里负责数控车床的一个车间主任，工作的技术含量比较高，每月能有七八千元的收入。当他从电视新闻中得知总书记视察十八洞村的消息后，当晚就做出了返乡的决定。第二天，他不顾妻子的反对和老板的挽留，毅然决然踏上了归途。第二年春天，他在村委会换届选举中，凭借多年在外打工积累的才干和"有钱没钱、拼上三年"的竞选口号，顺利当选十八洞村的村委会主任，成为村里脱贫致富的带头人。三年后，他又从村里旅游产业发展中看到了更加适合自己的发展机遇，随即辞去村委会主任的职务，成为十八洞旅游公司的一名副总经理，负责全村旅游团队的接待和导游工作。跟随施进兰的步伐，一些同样在外打工、见过世面的中青年，乃至一些接受过中、高等教育的"80 后""90 后"也先后回到村里，开起了农家乐、办起了民宿，还借着网络销售的风潮做起了民宿和土特产的直播带货。这些回乡创业的"能人"有的成为村支"两委"和村民小组的干部,有的成为村里专业合作社的带头人,不仅改变了过去村里干部队伍落后老化的格局,而且为村里的产业发展发挥了积极的带动作用,成为十八洞村谋求内生发展的中坚力量。

第二节　央视系列报道

2015年11月,中央扶贫开发工作会议在北京召开,正式吹响了打赢脱贫攻坚战的冲锋号。习近平总书记在会上系统阐述了精准扶贫精准脱贫、打赢脱贫攻坚战的基本方略。配合中央对精准扶贫和脱贫攻坚行动的全面部署,各大新闻媒体开始奔赴全国各地,采集报道基层精准扶贫实践的经验做法和脱贫成效。在这一背景下,十八洞村这个总书记曾经考察并在这里首次提出"精准扶贫"重要论述的村寨,再次吸引了中央各大媒体的关注。2015年以来,《人民日报》、新华社、中央人民广播电台、《光明日报》、《经济日报》等主流媒体纷纷对十八洞村两年多来的变化进行了报道,使十八洞村再次走出湘西、湖南,成为全国舆论关注的热点。然而,让十八洞村真正走向全国,成为一个家喻户晓的精准扶贫典型村,还要得益于中央电视台在2016年春节前后的集中报道。

据第一届驻十八洞村工作队队员龙志银回忆,2015年底,央视新闻团队来十八洞村踩点，当时还在外地出差的驻村工作队队长龙秀林闻讯后立即赶回了十八洞村，向央视记者详细介绍了两年来十八洞村在精准扶贫方面的探索以及取得的变化。在介绍的过程中，村里正在酝酿的一个"相亲会"计划一下吸引了记者们的注意。原来，工作队自进驻十八洞村以来，发现不足千人的寨子里，从未娶媳妇的"光棍汉"竟有 38 人之多。为了解决这些大龄男青年的老大难问题，从组建家庭方面提升贫困村民的生活质量，工作队别出心裁地想到了用集体相亲会的办法，吸引周边村寨乃至县城的男女青年来村里找对象。据龙志银介绍，"相亲扶贫"这个在我国扶贫工作历史上不曾有过的创新之举，一下子抓住了记者们的眼球。央视的新闻团队决定调整原先只有 1 集篇幅的采访计划，以"相亲会"为切入点，采用 5 集连播的方式全方位报道十八洞村在思想建设、设施建设、产业发展和帮助大龄青年脱单等方面的一系列扶贫故事。

2016 年 1 月 16~20 日，央视一套和新闻频道连续 5 天在《朝闻天下》《新闻直播间》《新闻 30 分》《共同关注》等栏目轮番播出 5 集专题报道《基层新答卷：十八洞扶贫纪事》，在国内外引起了强烈反响。2016 年 2 月 13~17 日，央视《新闻联播》在《治国理政新实践》栏目再次推出《"十八洞村"扶贫故事》系列报道，进一步扩大了十八洞村的影响力。经由央视的巨大传播网络，十八洞村在精准识别贫困户方面率先实行"九个不评"和"七道程序"的方式，十八洞村用思想道德星级化评比来提升村民互助和集体意识的做法、十八洞村用集体相亲的方式帮助村里大龄男青年脱单的创举、十八洞村发展猕猴桃产业的"飞地"模式等实践探索，迅速在全国乃至海外得到传播。精准扶贫的"十八洞经验"，不仅向全国提供了基层精准扶贫实践的"湖南样本"，更使十八洞村成为全国精准扶贫的一面旗帜。

第三节　全国精准扶贫的一面旗帜

2016年央视的集中连续报道，使十八洞村作为全国精准扶贫首倡地和精准扶贫创新典范的形象深入人心。十八洞村成为全国精准扶贫的一面旗帜，在收获方方面面荣誉的同时，也给自身产业发展和基础设施建设带来了前所未有的机遇。这些发展机遇集中体现在以下三个方面。

第一，十八洞村成为全国党建学习考察的对象和红色旅游景区。随着十八洞村作为全国精准扶贫首倡地和先进典型形象的确立，这里迅速成为全国各地党政部门乃至企事业单位精准扶贫和基层党建的学习考察对象，慕名前来十八洞村学习、参观和旅游的人数逐年上升。据十八洞旅游公司前总经理向经文介绍，2015年来十八洞村参观旅游的人数达10万人次，2016年为16万人次，2017年为25万人次。另有媒体报道，2018年，十八洞村接待游客数量超过30万人次。据花垣县驻十八洞村旅游工作组组长彭勇介绍，2019年5月十八洞旅游公司正式对外营业之后，每

个月仅通过旅游公司摆渡车收费系统统计的游客人数就达 3
万 ~3.2 万人次，全年接待的游客可达 45 万人次；其中大约
40% 为党建团队，45% 为旅行社组织的旅游团，15% 是自驾
游的散客。这个数据还不包括由当地党政部门负责接待、没
有通过旅游公司系统来村参观的公务考察团队。据彭勇估计，
后一种类型的参观人数大约能占十八洞村游客总数的 1/3。

　　第二，十八洞村成为社会帮扶力量汇聚的焦点。在中
央广泛动员全社会力量，合力推进脱贫攻坚的有力号召下，
十八洞村成为众多企事业单位履行社会帮扶责任的优先对
象。得益于社会各方力量在基础设施建设、产业发展、市
场对接和技术支持等方面的大量帮扶投入，十八洞村的基
础设施和生产、生活条件得到显著改善，彻底改变了原来
贫穷破旧的村庄面貌。据龙志银介绍，2016 年央视五集连
播节目播出后，十八洞村的知名度进一步提升，也给村里
的基础设施建设带来不少的好处。一个典型的例子就是，
之前十八洞村一直未能实现的网络通村愿望在 2016 年后得
以顺利实现，比周边的村寨提前了整整一年。这一年，在
国家旅游局旅游规划扶贫公益行动的支持下，四川成都来
也旅游发展股份有限公司免费为十八洞村制定了《十八洞
村旅游扶贫试点规划》。同年底，由花垣县有关部门和民间
组织联合发起的十八洞苗族文化博物馆在十八洞村开工建
设；次年 6 月，修葺一新的博物馆正式对外开放。2018 年，
中建五局和中海集团在十八洞村援建了集村民服务中心、
展览馆、放映厅、图书室和医疗室等综合服务功能于一体
的新村部和停车场，整个建设项目用时不到四个月，投资

近 2000 万元（见图 3-2）。2019 年，通过济南槐荫 - 湘西花垣东西部协作机制，济南市槐荫区出资 20 万元，帮助十八洞村办起了第一家集体餐厅——思源餐厅（见图 3-3）。

图 3-2　2018 年建成的新村部

（刘艳红拍摄，2020 年 8 月）

图 3-3　2019 年 8 月 1 日正式开业的思源餐厅

（龙书伍提供，2019 年 7 月）

第三，十八洞村成为民间资本投资的热点。伴随十八洞村影响力和知名度而来的潜在商机也吸引了省内外不少民间资本的关注，为十八洞村借助外力发展产业创造了巨大的机会。据了解，2016~2017年，先后有消费宝（北京）资产管理有限公司、湖南零售连锁企业步步高集团以及湖南地球仓科技有限公司等民营企业与十八洞村达成了投资与合作开发意向。2016年底，消费宝（北京）资产管理有限公司与花垣县苗疆旅游开发有限公司（花垣县国资委全资子公司）共同出资成立十八洞旅游开发有限公司，其中消费宝占51%的股份，苗疆旅游占49%的股份，合作开发包括夜郎十八洞溶洞在内的十八洞村及周边村寨的大十八洞旅游景区。根据双方达成的旅游开发合作协议，消费宝的投资总额不低于6亿元，在投资收益的分配方面，十八洞村（集体）在30年内每年可享有10%的股权分红权益。2017年4月，湖南零售连锁企业步步高集团董事长王填来十八洞村考察产业扶贫项目，得知当地有山泉水且经检测发现水质很好后，当即做出了在十八洞村建山泉水厂的决定并建成投产。当年年底，山泉水厂就向十八洞村兑现了"50万+1"的分红承诺，即水厂每年给十八洞村集体50万元的保底收益，外加每生产一瓶水给十八洞村1分钱的分红。2017年5月13日，由花垣双龙旅游开发公司（由两位福建投资者注册成立的私营企业）承建的十八洞溶洞景观开发工程正式破土动工。同年6月10日，湖南地球仓科技有限公司与十八洞村正式签约，将在十八洞村共同开发营建具有当地苗族风情的地球仓现代科技酒店。

第四章

十八洞村的创新探索

以习近平总书记考察十八洞村为契机，花垣县委、县政府以十八洞村为试点，不仅在践行精准扶贫方面走在了前面，而且在创新扶贫机制方面进行了积极探索。我们认为，这种创新性探索突出体现在两个方面。一是在驻村帮扶机制方面最早进行了长期化、制度化和精准化的探索，在精准因村派人、精准识别贫困、强化基层组织建设、转变村民观念、凝聚脱贫共识等方面取得了良好的效果，为花垣县乃至更大范围内驻村帮扶机制的改革完善提供了宝贵的基层经验。二是通过政府创新，特别是公共扶贫资源的优化和创新性配置，成功打造了"十八洞"品牌，吸引了大量民间资本和市场资源进入十八洞村，为十八洞村成功实现借力发展发挥了重要的杠杆作用。

第一节　先行探索驻村帮扶长期化、制度化和精准化

　　干部驻村制度是中国共产党"走群众路线""密切联系群众"执政理念的一种制度化运作机制，是在新中国成立初期农村工作队基础上逐渐演变发展形成的一种独特的农村治理机制。[①]1996 年中央扶贫工作会议以来，以"单位包村、干部入户"为主要形式的定点驻村帮扶作为扶贫攻坚的一条"有效途径"在全国很多省市得到实验和推广。[②] 2013 年 12 月 18 日，《中共中央办公厅、国务院办公厅印发〈关于创新机制扎实推进农村扶贫开发工作的意见〉的通知》（中办发〔2013〕25 号），提出要从六个方面创新扶贫开发工作机制，"健全干部驻村帮扶机制"即为其中之一。为贯彻 25 号文件关于创新扶贫开发工作机制的要求，2014 年 5 月 12 日，以国务院扶贫开发办公室为首的七大部委联合印发《建立精准扶贫工作机制实施方案》，进一步提出要"建立干部驻村帮扶工作制度"，从制度实施、干部选派、责任落实、制度完善四个方面细化了这一工作制度的实施办法。2017 年 12 月 24 日，中共中央办公厅、国务院办公厅印发《关于加强贫困村驻村工作队选派管理工作的指导意见》，进一步从干部选派和管理上加强驻村工作队的队伍能力建设和制度规范。

---

① 欧阳静：《乡镇驻村制与基层治理方式变迁》，《中国农业大学学报》（社会科学版）2012 年第 1 期，第 111~115 页。

② 杨咏沂：《一条扶贫攻坚的有效途径——全国"单位包村、干部帮户"情况调查》，《农村工作通讯》1998 年第 4 期，第 6~7 页。

从上述三份最新文件的内容看，新时期驻村帮扶制度的创新之处主要体现在驻村工作制度的普遍化、长期化、制度化和精准化上。所谓"普遍化"是指将过去没有普及所有贫困村的驻村制度普及所有建档立卡的贫困村，做到驻村工作全面覆盖，"每个贫困村都有驻村帮扶工作队，每个贫困户都有帮扶责任人，并建立驻村帮扶工作队、贫困户帮扶责任人数据库"①。所谓"长期化"不仅表现在为加强帮扶队伍稳定性和工作连续性而在驻村时间上体现长期化，如要求"每个驻村工作队一般不少于3人，每期驻村时间不少于2年"等；而且要求帮扶责任长期化，做到"不脱贫，不脱钩"。所谓"制度化"是指从扶贫队伍组建、能力建设、职责界定、干部考核、激励约束机制多方面规范和强化驻村工作的帮扶职责与工作能力和动力。所谓"精准化"则强调"因村选人组队"，根据贫困村的不同情况有针对性地选派和组建驻村工作队伍，做到精准选派。

2013年11月3日，习近平总书记到十八洞村视察，并做出"实事求是、因地制宜、分类指导、精准扶贫"的重要指示后，花垣县以此为契机，将十八洞村作为落实习近平总书记精准扶贫新指示的试点，以精准识别扶贫对象、精准发展支柱产业、精准组织扶贫力量"三个精准"为指导原则，率先开始探索"民族贫困地区扶贫攻坚新

---

① 自脱贫攻坚以来，全国累计选派43.5万名干部担任第一书记，派出277.8万名干部驻村帮扶。目前在岗第一书记19.5万名，驻村干部77.5万名。姚卜成：《决战深度贫困：啃下硬骨头，坚决打赢脱贫攻坚战》，《中国扶贫》，http://www.cpad.gov.cn/art/2018/3/7/art_2384_79962.html。

路子"。①

2014年1月23日，由花垣县委亲自组建的五人工作队正式进驻十八洞村开展工作。工作队进村之前，花垣县成立了由县委书记罗明亲自任组长的十八洞村精准扶贫工作领导小组，全面负责十八洞村的精准扶贫和建设工作的组织领导和协调工作。按照领导小组的部署，工作队由时任县委办公室副主任、县委宣传部常务副部长的龙秀林任队长，县委统战部、县林业局、县民政局、县国土资源局四位干部为队员，全面负责十八洞村的精准扶贫和项目建设的具体组织、协调和实施工作。当年上半年，花垣县还指派原十八洞村村主任、排壁乡综治办主任施金通（十八洞村梨子寨人）驻村担任第一书记。至此，由驻村第一书记和驻村工作队五名成员组成的驻十八洞村帮扶工作队正式组建完成（见表4-1）。

表4-1　花垣县驻十八洞村工作队人员构成

姓名	职务	原就职单位及职务	驻村时间	离村时间
施金通	驻村第一书记	排碧乡综治办主任	2014年上半年	2017年3月
龙秀林	工作队队长	县委办公室副主任、县委宣传部常务副部长	2014年1月23日	2016年6月
谭为国	工作队队员	县委统战部工会主席	2014年1月23日	2016年1月
石昊东	工作队队员	县林业局副局长	2014年1月23日	2015年12月
吴式文	工作队队员（2016年接任工作队队长）	县民政局工会主席	2014年1月23日	2017年10月
龙志银	工作队队员	县国土资源局政务服务中心主任	2014年1月23日	2018年7月

资料来源：精准扶贫精准脱贫百村调研十八洞村调研。

① 罗明：《以十八洞村为试点探索精准扶贫》，《新湘评论》2014年第23期。

基于十八洞村作为落实精准扶贫新指示的试点村，以及打造"可复制、可推广"样本村的定位，花垣县委在驻村工作队的人员配备上是比较强的。从人员数量看，六人的规模远高于"驻村工作队一般不少于3人"的最低要求。从人员构成看，六名成员分别来自十八洞村所属排碧乡政府、县委宣传部、统战部、民政部、林业局和国土资源局，均具有副科级以上的行政职级，这意味着驻村工作队中既有对村情较为熟悉的基层干部，也有在生态建设、土地资源开发以及社会救助等涉农领域的专业干部，还有在对外宣传以及统战方面能够提供业务指导和资源支持的力量。驻村干部来源和背景的多元化在短期内可能会造成工作配合与协调上的困难，但由于工作队队员的驻村时间足够长（多数队员驻村时间都超过两年，个别队员甚至超过四年），不仅给队员内部的沟通与磨合创造了条件，而且较好地保持了工作队整体的稳定性和延续性。

根据《花垣县 2017 年驻村帮扶工作要点》（花驻扶发〔2017〕2 号），2017 年该县驻村帮扶的工作重点主要有七项，分别是学习宣讲、基层党建、动态管理、结对帮扶、产业带动、公共服务和资金管理。对照同年底中办与国办印发的《关于加强贫困村驻村工作队选派管理工作的指导意见》中明确的十项主要任务，可以将驻村工作队的主要任务划分为基层组织建设与人才培养、观念意识文化提升、扶贫政策宣传贯彻落实、扶贫脱贫规划与实施四大类。花垣县该年度的七项工作重点大体可以纳入四大类主要任务中去。从十八洞村的情况看，驻村工作队大体也是在这四个大类下开展帮扶工作的（扶贫脱贫规划与实施部分在下一节"产业扶贫"中阐述）。

一 强化基层组织建设与制度规范

长期以来，十八洞村的党员队伍发展和基层组织建设较为滞后，党员队伍年龄老化、文化程度低的问题十分突出，严重制约了基层党组织和村民自治组织在乡村发展、脱贫致富中发挥先锋带动作用。据了解，十八洞村的 24 名中共党员（含驻村第一书记 1 人），平均年龄在50 岁以上，文化程度也以小学为主，20 世纪 90 年代以后入党并且留在村里的党员数量屈指可数。2014 年工作队驻村以前，十八洞村的党支部班子成员只有 3 人，平均年龄接近 60 岁，1 个初中文化、2 个小学文化，其中 1 人是贫困户。针对这一情况，工作队把优化村支"两委"领导班子结构、强化后备人才队伍建设作为驻村工作的一项优先任务，着力培育和激活十八洞村脱贫攻坚的内生领导力量。

2014 年上半年，在工作队协助下，十八洞村以"两述两评，竞争上岗"的方式实现了村支"两委"换届选举。毕业于某航空兵学院的大学生村官（花垣县本地人）龚海华、长期在东部沿海地区打工的致富能人施进兰、同样在沿海打工并曾远赴迪拜工作的龙书伍等一批具有较高文化素质、熟悉村情又有丰富在外务工经验的"能人"分别当选为新一届村支书、村主任和村会计等职，实现了领导班子的大换血，极大地优化了班子的年龄结构和提升了文化程度。为进一步增强干部队伍的力量，村里还增配1名村主干（建制专干），创新配备8名村主干助理，作为后备干部的重点培养对象。

除强化队伍建设和优化人员配备之外，工作队还从制度建设着手，在明确村支"两委"工作职责与规范重大事项决策流程的同时，激发党员在村民服务、结对帮扶、乡村治理和建设中的模范带头作用。例如，针对村干部工作作风散漫、办事效率不高的问题，在村支"两委"中推行承诺兑现制、绩效考核制、坐班服务制、代访代办制、结对帮扶制、群众评议制"六制"工作法。在村部成立党员服务中心，由党员干部轮流坐班，按照"统一受理＋归纳分类＋集中代办"的"三合一"代访代办模式，接待来访群众，及时办理村民诉求事项。在重大事项决策方面，推行党员引导与民主议事相结合的决策流程。创新"六议两公开"民主决策机制，就村级脱贫攻坚发展重大事项，在"四议两公开"的基础上，增加"党员与群众协议"和"群众事后评议"环节，既确保了决策的公开透明、公平公正性，又提高了民主决策的效率。通过发挥党员在民主议事中的引导协调作用，十八洞村在全县最早探索实施了精准识别贫困户的"七道程序""九个不评"综合识别办法，识别出贫困户136户533人。2016年，十八洞村党支部因在组织领导和探索实践精准扶贫脱贫方面成效突出而获得"全国先进基层党组织"的荣誉称号。

图4-1 十八洞村召开党员大会进行支部换届选举

（江鹏伶拍摄，2017年4月）

二 转变村民观念凝聚脱贫共识

受小农经济和计划经济时代残留观念以及封闭环境等因素影响，"等、靠、要""靠天吃饭""不吃眼前亏"等保守思想在村民中十分普遍，成为制约贫困乡村依靠内生动力脱贫致富的重要原因。因此，转变群众落后的思想观念，在宣传贯彻国家扶贫政策的过程中，激发群众自身的主观能动性，自觉承担起脱贫致富的主体责任，成为工作队驻村帮扶的另一项重点任务。

扶贫工作队队长龙秀林在被派驻十八洞村前是花垣县委办公室的副主任，党委宣传部的常务副部长，之前还有过小学教师和乡镇干部的经历，不仅熟悉农村工作的特点和难点，而且在宣传引导舆论和思想文化建设方面有着十分丰富的经验。工作队驻村后，龙秀林将自己的职业特长和工作优势运用到十八洞村的扶贫工作中，提出了"思想建设、产业建设、设施建设"三管齐下的扶贫工作思路，并将思想建设放在了首位。为改变村民脱贫主观能动性不足、合作意识淡薄等思想状况，工作队充分发挥思想动员和文化建设方面的优势，通过大会动员宣讲政策、入户家访增进沟通等方式宣传和倡导"投入有限、民力无穷；自力更生、建设家园"的十八洞精神。同时通过举办公益讲座、文化活动、进行星级农户和村民评比等方式有效增进了村寨之间的交流沟通，激发了村民的团队合作意识、营造了积极向上的文化氛围。例如，针对苗族人"惜名声、好面子"的特点，村里探索实行了"村民思想道德星级化管理"模式，每半年组织召开一次全体村民道德评比大会，16岁以上的村民全员参与，以组为单位互相评分。评分标准涵盖遵纪守法、勤劳致富、家庭美德、热心公益等6个方面，每户按家庭成员计平均分，90分以上为五星级家庭，80分以上为四星级家庭，以此类推。村民施某某在2015年的星级评比中只得了二星，感觉丢了面子，不仅当晚就把挂在家门口的二星牌子摘了下来，还发誓要把面子捡回来。他利用自家优越的地理位置办起了农家乐，还主动出让自家地块给村里修停车场，这些努力不仅让他在当年年底的星级评比中拿到了"四星"，捡回了面子，还被推选为村民小组长。

与此同时，搞宣传出身的龙秀林从国家领导人到访十八洞村这一新闻事件中敏锐地捕捉到了领导人到访产生的知名度效应对十八洞村发展带来的机遇，提出了建设"中国最美乡村"、发展乡村旅游的工作设想。据龙秀林介绍，这一工作思路提出之初，不仅遭到了村民的普遍质疑，也没能得到上级部门的认同和支持。为争取群众支持，工作队组织村民赴距花垣县城 1.5 公里的蚩尤村参观，实地感受文化旅游产业给乡村面貌带来的巨大变化，以现身说法的方式转变群众的思想观念。为争取上级部门的认同，工作队抓住向上级领导汇报工作的机会极力陈述乡村旅游在十八洞的可行性，并最终赢得了县州两级部门的支持。在取得上下一致共识后，乡村旅游作为长期发展目标被列入十八洞村精准扶贫工作规划，成为十八洞村产业扶贫的重点项目之一，旅游资源的开发成为全村经济活动的一项重要任务。例如，在村寨道路修建和村舍外观改造中刻意保留和突出了苗族村寨的人文特色；在工作队示范带动下，村里办起了多家具有苗族农家特色的餐饮旅游服务场馆；启动了兼具创收和造景双重目的的"113 工程"（即每户种植 10 棵黄桃、10 棵冬桃、300 尾稻花鱼，并通过电商平台向周边城市居民出售采摘权的方式吸引游客和创收的扶贫项目）；十八洞村因之得名的天然溶洞开发也进入招商引资阶段。

事实证明，在"精准扶贫首倡地"基础上发展起来的乡村旅游彻底改变了十八洞村的命运，使之从一个名不见经传的偏僻落后苗族山寨变成一个享誉全国甚至世界知名的脱贫典范。[1] 年接待参观旅游人数不断攀升，从 2014 年

---

① 2018 年 6 月 2 日，老挝人民革命党中央总书记、国家主席本杨专程到十八洞村考察扶贫工作，成为首位到访十八洞村的外国元首。

的 10 万人次左右增加到 2019 年的 45 万人次。在这个过程中，驻村工作队所发挥的作用是不可或缺的。这种不可或缺的关键性作用主要表现在两个方面，一是以政府官员特有的政策和新闻传播敏感度，及时把握住了精准扶贫的政策背景和领导人到访的知名度效应给十八洞村带来的发展机遇，提出了发展乡村旅游的工作思路，并在旅游资源开发过程中充分利用了精准扶贫、领导人到访、人文特色（苗族村寨）、自然景观（天然溶洞）等元素的叠加效应，有效提升和丰富了十八洞村的旅游资源和对外吸引力。这种政策和新闻敏感度以及将政策红利和新闻效应转化为旅游资源的能力，都是十八洞村自身所不具备的，是工作队作为一种外来支援力量所特有的贡献。二是在转变群众观念、争取上级支持，进而凝聚脱贫共识、形成发展合力方面扮演了推手的重要角色。作为连接十八洞村和外部世界的重要桥梁，工作队拥有桥梁两端行为主体都不具备的信息优势，即一方面了解外部世界的需求，另一方面了解十八洞村所具有的可能满足外部世界需求的资源禀赋。这种信息优势不仅帮助工作队审时度势提出了发展"精准扶贫＋苗寨特色"乡村旅游的工作思路，而且在帮助工作队说服村民和上级政府、赢得民意基础和政策支持方面发挥了重要作用。

三 先行先试探索贫困识别新做法

2013 年 11 月 3 日，习近平总书记在十八洞村考察时首次提出"精准扶贫"的重要论述后,当年12月底,中办与国办即联合出台了《关于创新机制扎实推进农村扶贫开发工作的意见》,提出要以精准识别为基础创新精准扶贫工作机制,要"按照县为单位、规模控制、分级负责、精准识别、动态管理的原则,对每个贫困村、贫困户建档立卡,建设全国扶贫信息网络系统"。2014年1月14日,湖南省扶贫开发办出台《湖南省农村扶贫对象建档立卡工作方案》,计划用10个月时间完成全省农村扶贫对象的识别和建档立卡工作,对全省农村扶贫对象进行一次全面的摸底调查,识别出农村扶贫对象,建立健全农村扶贫对象档案,为开展直接帮扶提供依据。《工作方案》对识别对象范围、识别程序的规范性和公开性等方面做了详细的规定。2014年4月,国务院扶贫开发办发布《扶贫开发建档立卡工作方案》(国开办发〔2014〕24号),意图"通过建档立卡,对贫困户和贫困村进行精准识别,了解贫困状况,分析致贫原因,摸清帮扶需求,明确帮扶主体,落实帮扶措施,开展考核问效,实施动态管理"。

作为一种没有先例可循的探索性实践,十八洞村在收入水平等贫困识别指标可操作性不强、识别任务紧的情况下,以收入来源、住房条件等替代性指标作为判断家庭收入的主要依据,运用"排除法"+"民主票选"的贫困识别办法,较好地兼顾了公平与效率之间的平衡。借鉴十八洞村先行先试经验,花垣县制定了扶贫对象识别"六暂缓、七不进、八优先"的评选标准,并确定了"户主申请、村民小组提名、村民代表评议和票决、村委会审查、乡镇政府审核、县扶贫办复核、县政府审批"等操作程序，在全县予以推行。当年9月，花垣县在全省率先识别出贫困对象18773户74682人，涉及162个行政村。同年11月，该县全面完成了贫困人口的信息录入和建档立卡工作。

图4-2　驻村工作队员与村干部在考察十八洞峡谷途中

（吴式文提供，2015年）

第二节　创新扶贫资源配置引导民间资本助力产业扶贫

奥地利经济学家熊彼特（Schumpeter）认为，创新是通过生产要素的重新组合，打破原有的市场均衡，进而实现经济发展的过程。产业扶贫是基于贫困乡村自身缺乏发展产业所需的某些资源要素，因而寻求外部力量的支持以发展产业、摆脱经济贫困，实现借力发展和脱贫致富的一种方式。各种外部资源如民间资本、企业家才能、先进技术等投向贫困乡村后，就为生产要素在新的空间范围内进行重组创造了条件。而当这些外部资源与贫困乡村的本土或自有资源以不同方式实现对接与组合，并创造出新的市场价值时，就实现了扶贫资源的优化配置与产业扶贫机制的创新。

自 2014 年开启精准扶贫工作以来，十八洞村在产业扶贫和发展方面确立了以特色种植、特色养殖、苗绣加工、乡村旅游、劳务输出五大产业为主的发展思路，并制定了产业脱贫和发展的短中长期规划，即通过在家门口发展特色种养业，实现短期增收目标；通过规模化种植和经营猕猴桃项目实现中长期和集体性资产性收益；以及通过深度开发旅游资源、发展乡村旅游实现内生式发展和长期可持续收益。其中，猕猴桃项目和乡村旅游是十八洞村产业扶贫和发展的两个重点和亮点项目，不仅帮助十八洞村较快实现整体脱贫，而且因其在产业扶贫思路和机制上进行了有益探索和突破而引起了较为广泛的关注与媒体报道。

从资源配置角度看，这两个项目实际上反映了产业扶贫在模式上的一种共性和空间上的两种思路，所谓空间上的两种思路是指"走出去"和"请进来"两种空间发展思路。所谓"走出去"是指，在贫困乡村自身缺乏产业发展所需要的资源禀赋条件下，通过突破地域限制发展"飞地"

产业项目，实现"域外"发展。所谓"请进来"是指，贫困乡村通过挖掘自有资源的市场价值和开发潜力，吸引外来消费或投资，实现本土化发展。所谓模式上的一种共性是指，无论是"走出去"还是"请进来"，其在产业扶贫和发展上都采取了一种"借力"发展的模式，即借助外部资源并与自有资源进行优化组合或者资源的组合创新，以实现域外或本土化的发展。而在促成和引导这两类资源实现对接和创新性组合过程中，政府部门发挥了关键性作用。

　　长期以来，贫困地区在资金、技术、土地等资源禀赋上的匮乏不仅是其长期处于贫困状态的根本原因，也是其难以吸引外部资源，尤其是民间资本，实现合作共赢与可持续发展的瓶颈所在。因此，贫困地区要实现借力发展，其所能借助的外部资源首先是来自公共部门的扶贫资源和政策。然而在集中连片贫困地区，贫困对象的广泛性、致贫原因的复杂性以及脱贫任务的紧迫性决定了，单纯依靠公共部门的人力和财力投入难以在短期内实现集体性脱贫的重任，政府在发挥其扶贫开发的主导性作用（尤其在基础设施建设和公共服务领域）的同时，必须积极动员和引导市场资源和社会力量，在产业扶贫中发挥更加积极的作用。从十八洞村的情况来看，其产业发展之所以能够"借力"成功，关键也在于政府部门在优化公共资源配置基础上，充分发挥了其在吸引和带动民间资本和市场资源介入产业扶贫方面的杠杆作用（见图4-3）。具体来说，当地政府对公共资源的优化和创新性配置主要体现在人力、资金、平台、品牌、政策这五个方面。

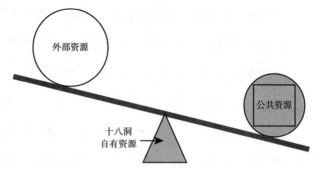

十八洞村 自有资源	自然资源（自然景观、土地、山泉水等）、人文资源（苗族文化、精准扶贫首倡之地）、致富能人、劳动力
公共资源	扶贫队伍、十八洞品牌（无形资产）、园区平台、财政扶持资金、奖扶政策
外部资源	民间资本、企业家才能、土地资源、技术、市场

图4-3　十八洞村"借力发展"机制示意图

资料来源：作者绘制。

在人力资源配置方面，根据中央"健全干部驻村帮扶机制"的要求，花垣县在十八洞村率先推行干部驻村长期化、制度化和精准化，派出了以县委宣传部常务副部长龙秀林为队长的六人驻村工作队伍（含驻村第一书记一人），且"一定三年"。龙秀林及其团队利用其在文化建设与舆论宣传等方面的专长，在提升十八洞村知名度、打造"十八洞"品牌并丰富其内涵、凝聚村民共识发展乡村旅游等方面均发挥了不可忽视的重要作用。

在资金资源配置方面，十八洞村在湖南省最早进行了财政扶贫资金折股量化，以集中入股和股份合作方式发展优质猕猴桃种植产业。这种方式不仅有效发挥了财政扶贫资金"握指成拳"、在产业化经营中的杠杆效应，而且在为贫困村民和村集体实现资产性收益方面进行了有益探索。2017年十八洞猕猴桃挂果上市后，项目已进行两次分红，十八洞村的贫困村民按股份拿到了平均2200元的投资收益，相当于2/3的股本。十八洞村集体也从猕猴桃项目中形成了有史以来的第一笔集体收益，在发展集体经济的道路上迈出了重要一步。

在平台资源建设方面，花垣县实施"园区带动"扶贫战略，通过健全土地集中流转机制建设2.5万亩农业科技示范园，一方面以龙头企业带动和规模化经营的方式带动农民就业和贫困户脱贫；另一方面突破传统产业扶贫的地域限制，使得自身缺乏土地或农业资源的贫困村、贫困户有可能借助农业园区这个资源汇聚平台，在更大空间范围内谋求产业发展和脱贫致富的机会。

在品牌资源建设方面，花垣县牢牢把握习总书记视察十八洞村并首倡"精准扶贫"给当地带来的发展机遇，以及各大媒体对精准扶贫和精准脱贫实践进行新闻报道和舆论宣传的机会，不仅将十八洞村的知名度和影响力推向全国乃至世界，而且着力打造和提升了"十八洞"的品牌内涵以及作为一种无形资产的价值，使"十八洞"品牌成为花垣县全县域农旅产业发展的一张地方名片和共享品牌。

在政策资源配置方面，为吸引民间资本介入产业扶贫，花垣县不仅对吸纳贫困劳动力稳定就业的企业予以奖励，而且对产业扶贫的标杆项目从项目用地、融资、技术支持、市场对接、风险防控等方面均给予极大的政策扶持，在大幅降低项目融资成本和经营风险的同时，显著提高了项目的成功概率。在多项优惠政策的助力下，十八洞村的猕猴桃和山泉水项目不仅顺利投产，而且较快实现了对贫困农户的增收效益。

一 "走出去"发展猕猴桃项目

十八洞村猕猴桃项目是继习近平总书记 2013 年 11 月 3 日视察十八洞村并首次提出"精准扶贫"重要论述后，花垣县委、县政府在十八洞村着力打造的第一个产业精准扶贫项目，也是整个花垣县特色种植产业扶贫的一个标杆项目。2014 年初，十八洞村精准扶贫工作拉开序幕后，花垣县希望借助当地龙头企业带动十八洞村发展具有地方特色且有长期稳定收益的特色种植业，形成一种具有复制和推广价值的产业扶贫模式。在花垣县委和县扶贫开发办等部门的协调下，经过多轮调研磋商，最终以双向选择的方式确立了由当地农业龙头企业"苗汉子"牵头，与十八洞村以股份合作的形式进行优质猕猴桃种植和销售的产业扶贫方案。

苗汉子野生蔬菜开发专业合作社是花垣县当地一家以野生蔬菜种植和加工为主的合作社企业。企业负责人石志刚原来在当地从事矿石加工生产，2008 年受市场和政策变化等因素影响，开始转型从事蔬菜种植加工。2011 年，石志刚联合当地 108 家农户组建了专业合作社，专门从事香椿、蕨菜、弄弄葱等具有武陵山区特色的野生蔬菜的培育、生产、加工和销售一条龙经营，并迅速成长为当地有一定影响力的农业龙头企业，创造了较好的经济和社会效益。2013年，企业建成投产年处理1000吨蔬菜的加工生产线，蔬菜示范种植基地达到2800亩，辐射带动了花垣县7个乡镇17个行政村共801户农户的发展（土地流转和劳务收益），年产野生蔬菜4602吨，产值1068万元。①

2014年8月，由苗汉子野生蔬菜开发专业合作社、十八洞村民合作社和十八洞村集体三方组建的十八洞村苗汉子果业有限责任公司正式成立，注册资本600万元。其中法人代表石志刚出资306万元，占51%的股份；十八洞村出资294万元，占49%的股份。十八洞村的股份由村民合作社和村集体经济两部分组成，金梅猕猴桃开发专业合作社（由全村92.4%的农户组成，其中贫困户127家，非贫困户80家）以村民自筹与政策扶持资金的方式入股，其中非贫困人口每人出资100元，贫困人口每人出资50元，政策扶持资金按贫困人口每人3000元、非贫困人口每人1500元的标准投入，共计197.1万元，占33%。村集体经济申请专项资金96.9万元入股，占16%的股份（见表4-2）。

表4-2 十八洞村苗汉子果业有限责任公司的股权结构

股东名称	出资方式	认缴出资额（万元）	出资比例（%）
石志刚	货币	306	51
花垣县排碧乡十八洞村民委员会	货币	96.9	16
花垣县十八洞村金梅猕猴桃开发专业合作社	货币	197.1	33

资料来源：公司章程。

① 彭绍银：《苗汉子的转型路：记花垣县苗汉子公司董事长石志刚》，《团结报》2015年7月15日。

2014 年 9 月，位于花垣县农业科技园、占地 1000 亩的猕猴桃种植基地正式开工建设（见图 4-4）；2017 年 9 月，首批挂果的 200 吨优质猕猴桃采摘上市，标志着为期三年多的产业扶贫项目瓜熟蒂落，开始产生经济和社会效益。据石志刚介绍，当年猕猴桃的销售收入达 500 万元。半年后，即 2018 年 3 月，十八洞村村民收到第一笔猕猴桃产业收益金共计 74.2 万元，其中贫困户人均收入 1000 元，非贫困户人均收入 500 元，拿回了占股本 1/3 的收益。

图 4-4　位于花垣县农业科技园的十八洞猕猴桃种植基地
（申孟宜拍摄，2017 年 4 月）

　　作为花垣县产业扶贫的标杆项目，该项目呈现鲜明的政府主导特色。为确保项目成功，花垣县委、县政府不仅介入了从产业选择、企业对接、合作模式到要素投入、技术支持、市场销售的各个环节，而且在项目用地、资金筹措、种植技术、市场销售及风险控制等多个方面都给予了极大的支持。

由于十八洞村自身人多地少，并不具备大面积种植猕猴桃的条件，所以项目以土地流转的方式从位于道二乡的花垣县农业科技园获得了1000亩土地，用于猕猴桃的规模化种植和经营。

由于项目前期资金投入较大，花垣县政府又以连带担保的方式帮助公司从华融湘江银行获得了1000万元的贷款，解决了项目的融资难题。根据华融湘江银行湘西分行提供的资料介绍，"2014年9月16日，县委书记罗明一行前往湘西分行对接，希望银行能够提供贷款。湘西分行了解该项目的实际情况后，肯定了该公司产业脱贫的模式，当即做出在把控风险的前提（下）对该项目大力支持的决定"。由于"该公司成立时间短，经营模式较为特殊，无法提供有效抵押物，我行在项目初始阶段积极探索农村土地经营承包权流转登记抵押事宜，包括向试点区域取经，深入花垣县农经局等部门了解、磋商，因为湘西州尚未完成土地流转的确权原因，导致流转登记无法进行，最终该项目只能通过保证担保方式解决该公司抵押物的难题，以花垣县城市投资开发有限公司承担49%和花垣县鑫海岸矿业贸易发展有限公司承担51%提供连带责任保证担保，为猕猴桃基地工程建设提供1000万元信贷资金支持（由省扶贫办给予贴息）"。借助国家产业扶贫的金融支持政策，项目还以分贷统还方式获得了640万元新增贷款，用于猕猴桃基地的培管支出，大大降低了公司的融资成本。

此外，花垣县所处的地理位置与气候条件虽然较为适宜猕猴桃种植，但本地传统的猕猴桃品种口感较差，缺乏市场前景。为解决猕猴桃品种问题，花垣县扶贫办出面促成了公司与中科院武汉植物园的合作，引进其开发的"金梅"、"东红"等优良品种，并由其技术团队负责提供技术培训和指导。由于中科院培育的猕猴桃优良品种已在全国多个贫困县得到推广和种植，与销售平台建立了较为成熟的合作关系；在中科院驻苗汉子的技术专家钟彩虹教授的引荐下，苗汉子公司又与四川省成都市阳光味道投资有限公司达成了合作意向，由后者通过自己的商务平台和流通网络负责十八洞猕猴桃的对外销售，很大程度上解决了猕猴桃成熟后的市场销售问题。

同时，为降低自然灾害等因素可能对猕猴桃生产经营造成的风险，项目还纳入财政支持的农业保险基金，总值30万元的保险费用，企业仅需承担10%左右，其余由财政农业保险资金负担。

作为花垣县探索可复制、可推广产业扶贫新路径的试点项目，该项目在借助和盘活外部资源构建产业脱贫长效机制方面进行了大胆尝试和探索，为产业扶贫机制创新提供了宝贵经验。这种"借力"发展的创新性探索主要体现在以下三个方面。

首先，以园区为平台提供域外产业发展空间。如上所述，十八洞村自身山多地少，人均耕地面积0.83亩，仅为全县人均耕地面积（1.41亩）的一半左右，[①]因此并不具备

① 《花垣县土地资源状况》，https://www.tuliu.com/read-28487.html。

在本土发展规模种植业的资源条件。近年来，随着鼓励土地经营权流转与发展农业适度规模化经营政策的出台，农村土地经营权流转，特别是集中流转的进程加快，在为农业集约化生产和产业化经营创造条件的同时，也为转变农村传统生产经营方式、改变农民从业与收入结构创造了机会。2014年，中办国办下发《关于引导农村土地经营权有序流转发展农业适度规模经营的意见》，提出有条件的地方根据农民意愿，可以统一连片整理耕地，将土地折股量化、确权到户，经营所得收益按股分配，也可以引导农民以承包地入股组建土地股份合作组织，通过自营或委托经营等方式发展农业规模经营；允许农民以承包经营权入股发展农业产业化经营。在这一政策引导下，截至2016年底，全国家庭承包耕地流转面积达到4.79亿亩，占家庭承包经营耕地总面积的35.1%；全国经营规模50亩以上的农户数达到376.2万户。截至2016年6月底，全国以入股形式流转土地的达到0.25亿亩，占流转总面积的5.3%。一些地方在农民自愿前提下通过组建土地股份合作组织、兴办集体农场等方式发展农业规模经营，积累了许多有益的经验。相较于出租、转包等流转方式，土地股份合作具有流转期限更长、利益联结更紧密、流转关系更稳定的特点，有利于调动流入方加大土地整理、农田水利设施投入等的积极性，对于促进土地适度规模经营，具有十分重要的意义。

　　2013年，湘西州政府下发了《关于加快推进农村土地承包经营权流转工作的通知》（州政办函〔2013〕89号），把健全土地流转机制与推进农业特色产业发展相结合，加快了土地集中整理和综合开发的速度。2014 年以来，花垣县启动规划面积达 10 万亩（占全县耕地面积 36.8 万亩的 27%）的农业科技示范园建设项目，希望通过发展园区经济带动当地产业脱贫和扶贫机制创新。配合"园区带动战略"，花垣县积极开展土地流转试点工作，采取政策引导驱动、设施建设推动、规模经营带动、搭建平台促动等措施，大力推进了道二乡、花垣镇等 5 个乡镇 27 个村的土地流转。作为扶贫模式创新基地，园区按照"农业产业化、产业园区化、园区景区化、农旅一体化"的发展思路，着力打造产业布局合理、科技创新能力强、企业聚集程度高的科技示范园区。截至 2018 年，已入园企业 42 家，其中省级龙头企业 3 家，州级龙头企业 5 家，形成了现代烟草、家禽水产养殖、优质蔬菜、特色水果、优质水稻、特色蚕桑、林下经济等七大基地。园区大力实施项目带动战略，入园企业通过直接帮扶、委托帮扶、小额信贷帮扶、经济联合体帮扶等模式，带动 2.32 万劳动力就业，劳务收入达 2.3 亿元，带动建档立卡贫困户 4694 户、2.11 万贫困村民脱贫。①

显而易见，十八洞村的猕猴桃项目是在转变传统农业经营方式，适度发展规模化经营的大背景下，花垣县实施"园区带动扶贫战略"的一部分，也是园区探索扶贫机

---

① 唐庆：《国家农业科技园区带动花垣 2 万余名贫困村民脱贫》，《华声在线》2018 年 4 月 26 日，http://hunan.voc.com.cn/article/201804/20180426095145856.html。

制创新的一个试点项目。这个项目的创新意义体现为，它突破了传统的产业扶贫的地域限制，使得自身缺乏土地或农业资源的贫困村户有可能借助农业园区这个资源汇聚平台，在更大空间范围内进行扶贫资源和生产要素的优化组合。以农业科技示范园为平台，它把距十八洞村20公里之外的道二乡的土地资源、十八洞村的村民自有及财政扶贫资金，十八洞村的无形资产、石志刚的自有资金及企业家经营才能，以及中科院武汉植物园的优良品种及种植技术聚集在了一起，形成了一个优势互补、多方共赢的产业项目。

其次，以财政扶持资金集体入股方式发挥公共资源的杠杆效应。长期以来，尽管产业发展一直是财政扶贫资金的优先投入方向和产业扶贫由输血走向造血的主要途径，然而产业资源的匮乏、农民自身产业技能和经营才能的缺失，以及到户资金数额的有限性，都极大制约了财政扶持资金的使用效率及其向产业资本转化的能力。要真正发挥财政扶持资金的造血功能，将财政资源转化为具有带动效应和增值潜力的产业资本，一要有适宜的产业发展项目；二要借助能人企业家的创业经营才能；三要能发挥财政扶持资金在产业化经营中的杠杆效应。正是基于上述考虑，国家在2015年之后陆续出台《中共中央国务院关于打赢脱贫攻坚战的决定》《中央财政专项扶贫资金管理办法》《关于做好财政支农资金支持资产收益扶贫工作的通知》等文件，提出了要创新财政扶持资金用途，探索和推广资产收益扶贫新机制的要求。而在此之前的2014年，十八洞村已在猕猴桃项目上先行先试，在湖南省最早进行了将财政扶持资金折股量化，以集中入股和股份合作的方式发展优质猕猴桃种植产业，实现资产性收益的探索。2017 年十八洞村猕猴桃挂果上市后，项目已进行两次分红，十八洞村的贫困村民按股份拿到了平均 2200 元的投资收益，拿回了 2/3 的股本。十八洞村集体也从猕猴桃项目中形成了有史以来的第一笔集体资产，在发展集体经济的道路上迈出了第一步。

与传统的资金到户式产业扶贫相比，以财政扶持资金折股量化、集体入股，从产业投资项目中获取资产性收益的做法，显然是一种更加"实事求是、因地制宜"的扶贫方式。在贫困乡村自身缺乏可开发利用的自然资源，贫困村民自身缺乏创业经营能力且短期内难以实现能力提升的情况下，财政扶持资金无疑是乡村发展可以借助的最重要的外部资源。而将这些财政扶持资金量化到户后再集中利用，一方面可以放大财政扶持资金的杠杆效应，吸引带动更多社会资本投入产业扶贫项目，形成规模化经营的收益和优势；另一方面也使缺乏必要产业技能和经营才能的贫困村民得以借助财政扶持资金和企业家才能这两种外部资源的力量，分享产业化发展的红利，从项目投资和发展中获得长期性的资产收益。从十八洞的情况看，这里山多地少，并不具备大规模发展种植业的资源条件。花垣县之所以"迎难而上"，将财政扶持资金投向猕猴桃种植，一是希望借助十八洞村的知名度这一无形资产吸引更多社会资本加入，二是想把十八洞猕猴桃项目作为财政扶持资金 +

社会资本合作发展特色种植业的试点，在成功后将这一合作模式在更大范围内推广，形成带动效应。按照花垣县的"十三五"脱贫攻坚规划，猕猴桃项目不仅是该县发展特色农林业的支柱产业之一，而且计划在十八洞村1000亩猕猴桃精准扶贫试点基础上，复制推广到10000亩，带动全县30000贫困人口脱贫致富奔小康，因此被称为"113"扶贫项目工程。石志刚也证实，十八洞猕猴桃项目已推广至花垣县三个乡镇（双龙、花垣、龙潭）52个村，带动了2362户9600名贫困人口加入猕猴桃种植产业。在推广项目中，苗汉子只占30%的股份，在财政扶持资金支持下的贫困村户占70%的股份。

最后，以股份合作方式构建企业家与贫困村户长效利益联结机制。如前所述，资金和技能的匮乏是制约贫困村民通过生产和经营性活动改善经济状况、实现脱贫致富的两大最为主要的个体因素。与资金相比，技能的缺失是更为突出的制约因素。在缺乏劳动力市场所需的生产技能或创业所需的经营才能的情况下，村民即便能够获得生产或创业资金，也难以将其有效转化为产业资本，实现资产的保值增值。在这种情况下，具有创业经营才能，且有意愿和能力吸纳、带动村民加入生产和经营性活动的企业家，就成为贫困村户能够借以实现产业脱贫的重要外部资源。从企业家角度来看，尽管投身产业扶贫有助于提升企业形象、开拓新的市场或经营领域，但出于盈利目的和风险规避等因素考虑，企业在扶贫合作方式的选择上通常比较谨慎，倾向于采取雇佣劳动、购买服务等松散的联结机制。

比较而言，组建合作社等经营性实体虽然能在企业家与贫困村户之间构建一种更加稳定和长效的利益联结机制，但对牵头企业而言也意味着对其经营自主权和利益分配机制的较大制约。因此，要激发企业家深度投入产业扶贫，与贫困村户构建长效利益联结机制的积极性，除了合作方拥有有利于企业发展的稀缺资源，如土地或具有开发价值的自然资源等之外，政府的奖励与扶持政策也是一个十分重要乃至必要的激励因素。

从十八洞猕猴桃项目看，以股份合作方式带动十八洞村开展猕猴桃种植和经营的企业家石志刚，是一位 90 年代后期下海经商、具备丰富创业经验和较强经营才能的企业家。在参与十八洞猕猴桃项目之前，他就以专业合作社的方式在当地开展野生蔬菜种植加工和销售，在带动农民对接市场、加入产业化生产方面取得了良好的成效。苗汉子野生蔬菜开发专业合作社自 2011 年成立后，在不到 3 年时间里，合作社社员户数就从 108 户发展到 408 户，种植面积从最初仅 3 亩地扩展到 3051 亩地，辐射带动了花垣县 7 个乡镇 17 个行政村共 801 户农户的发展，年产野生蔬菜 4602 吨，产值达 1068 万元。据石志刚介绍，农民加入蔬菜专业合作社的方式较为灵活多元，农民既可以用土地，也可以用现金入股（每户交 500 元即可入股），没有现金的可以用土地租金抵扣。在收益方面，入社农户可以获得包括土地流转费用（每亩土地一年的租金收入大体是荒山 200 元，熟土 400 元，水田 600 元，租期达 20 年），受雇从事蔬菜培育等的劳务收入（一亩地的劳务收入约为 1000 元）

以及企业分红等收益。可以说，苗汉子野生蔬菜开发专业合作社是一家典型的能人带动型农业专业合作社。从该合作社的发展背景看，石志刚这位能人之所以愿意以合作社方式开展野生蔬菜的开发经营，主要有三个方面的驱动因素。一是自己原先经营的矿石加工企业由于市场和政策双重因素，面临调整和转型。二是湖南省在 2007 年之后出台了鼓励外资和民营企业参与"万企联村、共同发展"、鼓励农民兴办专业合作社，以规模化种植和经营打造"一村一品"等一系列利好政策。三是要开展蔬菜规模化种植和经营，土地是必不可少的生产要素。土地经营权集中流转的做法尚在起步阶段，企业家要从分散的农民手中直接流转土地，不仅谈判成本过高，而且面临较大的不确定性。因此鼓励农民以土地入股合作社，构建利益共同体，就更大程度上保障了土地这一关键生产要素的稳定供给。

与此前野生蔬菜合作开发不同的是，十八洞村不仅土地资源贫乏，劳动力素质低下，而且贫困程度较深，从传统资源禀赋角度看并不具备吸引龙头企业与之合作开展规模化农业经营的条件。然而，十八洞村的优势在于因精准扶贫首倡之地一举成名后，"十八洞"的知名度成为一种具有巨大市场号召潜力的无形资产（据当地干部介绍，习近平总书记考察十八洞村后第三天，十八洞的名称就已被抢先注册为商标，经政府部门出面后才被收回，成为花垣县农业企业可共享使用的品牌）。另外，为打造花垣县精准产业扶贫的标杆项目，形成具有复制和推广价值的扶贫样本，花垣县对十八洞村的产业扶贫项目高度重视，在项目用地、融资、技术支持、风险控制等方面都给予了极大的支持，在大幅降低项目融资成本和经营风险的同时，也显著提高了项目的成功概率。可以说，石志刚与十八洞村的联手，较大程度上是在"十八洞"品牌这一无形资产和政策保障双重利好因素驱使下的理性选择，是一次多方共赢的合作。

二 "请进来"发展乡村旅游

2013年之前，十八洞村只是湖南省湘西州一个名不见经传的苗族村寨。2013年11月3日，中共中央总书记、国家主席习近平到十八洞村视察并在这里首次提出了"精准扶贫"重要论述。这次视察不仅标志着全国扶贫开发工作进入精准扶贫的新阶段，而且彻底改变了十八洞村的命运。当地政府及扶贫工作队及时把握住了精准扶贫政策和领导人到访产生的知名度效应给十八洞村带来的发展机遇，一方面提出发展乡村旅游的工作思路，在旅游资源开发过程中充分利用领导人到访并首倡精准扶贫思想、人文特色（苗族村寨）、自然景观（天然溶洞）等元素的叠加效应，有效提升了十八洞村的旅游资源和对外吸引力；另一方面不断加大对外宣传力度，充分借助各大媒体对精准扶贫和脱贫攻坚地方实践进行新闻报道和舆论宣传的机会，将十八洞村精准扶贫的创新实践以及精准脱贫的成功经验推向全国，在进一步提升自身知名度和影响力的同时，也提升了"十八洞"品牌作为一种无形资产的价值和对潜在投资者的吸引力。

自确立发展乡村旅游的工作思路以来，村里首先从基础设施和民居改造着手，对当年接待总书记到访的梨子寨进行了重点开发，修建了通村公路、停车场，改造了村里的石板路面，整修了民宅，开设了文化书屋、主题邮局、旅游商品商店等配套服务设施。当年在家门口的坪坎上接待总书记座谈的施成富家不仅被改造成村里第一家农家乐，也成为来十八洞村观光游客必到的参观景点。屋内的摆设突出了苗族民居的特点，如门厅里有兼具取火、取暖和熏制腊肉等多重功能的火炉子；屋外的庭院也被修葺一新，既能满足旅游团团体用餐和休息的需要，又能俯瞰整个苗寨的全貌，视野十分开阔。身着苗族传统服饰的女主人龙德成老人，总书记坐过的椅子以及在此座谈时的大幅照片则将这个普通的苗族民居与党和国家精准扶贫的历史使命紧紧联系在一起，吸引了大量游客在此拍照留念。

随着十八洞村在产业扶贫、发展乡村旅游、解决大龄青年婚配问题等方面取得一系列成效，十八洞村再次成为媒体报道和舆论宣传的重点对象。2015 年春节前后，包括人民日报、新华社、央广新闻等在内的七大中央媒体密集报道了十八洞村实施精准扶贫以来的巨大变化。[①]2016 年春节期间，中央电视台在新闻联播推出了《"十八洞村"扶贫故事》系列报道，连续五天播报了十八洞村在扶贫脱贫方面的举措和成就。[②]2017 年 4 月，由潇湘电影集团和

---

① 潘尚德：《中央媒体聚焦十八洞村，全方位报道精准扶贫经验》，《团结报》2015 年 3 月 2 日。

② 《治国理政新实践 "十八洞村" 扶贫故事系列报道》，央视网，2016 年 2 月 13 日，http://tv.cctv.com/2016/02/13/VIDEz2H3cPdNBcPAEVxBlmFg160213.shtml。

峨眉电影集团联合制作、取材于十八洞村"精准扶贫"实践的纪实影片《十八洞村》在花垣县正式开机，并于当年10月13日在全国正式上映。影片送审后，被中宣部和国家新闻出版广电总局列为迎接十九大的重点影片，得到各院线的重点推荐，上映十日的累计票房收入就达1.06亿元。影片的成功创作和宣传发行不仅为出品方带来了不俗的票房收益和创作奖项，也为进一步提升十八洞村的知名度做出了十分重要的贡献。2019年7月13日，我们在百度搜索获取的与"十八洞村"相关的新闻资讯数量高达104000篇，而当年在同一天接待总书记到访的另一个湘西贫困山村"菖蒲塘村"的新闻资讯数量仅为5150篇，两者在数量上相差超20倍。

随着十八洞村知名度的不断提升和旅游资源的逐步开发，组织或慕名前来参观学习和观光旅游的人数不断增加。据十八洞旅游公司原总经理向经文介绍，2015年来十八洞村参观旅游人数达10万人次，2016年为16万人次，2017年为25万人次。[1] 2018年，十八洞村接待游客数量超过30万人次，旅游收入达300万元。[2]2017年课题组在十八洞村调研时，驻村工作队干部杨建军介绍，来十八洞村参观的游客中，约有一半左右是单位组织的各种参观学习团组。

十八洞村知名度的提升和旅游人数的猛增，不仅使政

---

[1] 《十八洞：精准扶贫首倡地 引进"地球仓"革新旅居模式》，《华声在线》，2018年9月30日，https://baijiahao.baidu.com/s?id=1613028085127586132&wfr=spider&for=pc。

[2] 刘麟：《十八洞村春来早》，《经济日报》2019年3月29日。

府及其他公共部门加大了对它的投资力度，也吸引了不少民间投资者的关注。据了解，2016~2017年，先后有消费宝（北京）资产管理公司、湖南零售连锁企业步步高集团以及湖南地球仓科技有限公司等民营企业与十八洞村达成了投资与合作开发意向，对外公布的投资规模超过6亿元。随着外来资本和资金的介入，十八洞村旅游资源、配套服务设施以及相关产业的开发都进入发展的快车道（见图4-5）。

图4-5 建设中的十八洞村游客服务中心
（刘艳红拍摄，2017年11月）

2016年底，消费宝（北京）资产管理有限公司与花垣县苗疆旅游开发有限公司（花垣县国资委全资子公司）共同出资成立十八洞旅游开发有限公司，其中消费宝占51%的股份，苗疆旅游占49%的股份，合作开发包括夜郎十八洞溶洞在内的十八洞村及周边村寨的大十八洞旅游景区。根据双方达成的旅游开发合作协议，消费宝的投资总额不低于 6 亿元，在投资收益的分配方面，十八洞村（集体）在 30 年内每年享有 10% 的股权分红权益[①]。

同年底，由花垣县有关部门和民间组织联合发起的十八洞苗族文化博物馆在十八洞村开工建设。2017 年 4 月中旬，课题组第一次赴十八洞村调研时，位于十八洞村村部对面的苗族文化博物馆刚完成楼房的主体结构建设（见图 4-6）。6 月 18 日，修葺一新的博物馆即已正式对外开放（见图 4-7）。

图 4-6　建设中的十八洞村苗族文化博物馆

（江鹏伶拍摄，2017 年 4 月）

---

① 2018 年 3 月，公司发生股权变更，与消费宝拥有战略合作关系的湘西旅游股份有限责任公司取代消费宝成为十八洞旅游开发有限公司第一大控股股东。胡域：《湖南湘西旅游股份有限公司在龙山揭牌成立》，红网，2016 年 12 月 9 日，https://hn.rednet.cn/c/2016/12/09/4158954.htm。

图 4-7 竣工后的十八洞苗族文化博物馆

(刘艳红拍摄，2017 年 11 月)

2017 年 4 月，在湖南省委书记杜家毫提议下，湖南零售连锁企业步步高集团董事长王填来十八洞村考察产业扶贫项目，得知当地有山泉水且经检测发现水质很好后，当即做出了在十八洞村建山泉水厂的决定。从 2017 年 4 月 27 日考察十八洞探寻水源到立项、规划、采购、建厂，并于当年 10 月 8 日正式投产，全程只用了 160 多天。水厂投产 10 天后，带着十八洞标识的瓶装山泉水就被带到了十九大湖南代表团的会场。① 2018 年 3 月 22 日，十八洞山泉水选择在世界水日这一天正式上市，并与益海嘉里等企业签订了销售合同，通过其 130 多万家销售网点，售往全国市场。据山泉水厂后勤厂长介绍，水厂项目开工后，村里有十多人应聘到厂里务工，实现了家门口就业。2020

① 陈志强：《总书记去过的十八洞村有山泉水厂了！》，《华夏时报》2017 年 10 月 21 日。

年 8 月，课题组在水厂车间参观时，一位在流水线上工作的女工告诉我们，她在水厂上班的月工资有 1800 元，外加五险一金。如果加班，则有每小时 15 元的额外加班费，周末的加班费是 80 元 / 天。此外，十八洞村集体每年还可从山泉水厂项目中获得 15% 的分红收益，2017 年当年即收到了 50 万元的分红收入。

2017 年 6 月，移动旅居空间装备制造商和智能民宿运营商湖南地球仓科技有限公司与十八洞村签约，决定利用十八洞村山多地少、风景优美的资源条件，依山建造悬崖式生态酒店，为当地的旅游发展提供配套的旅居设施和服务。2018 年底，首期建成的七间客房正式对外营业，使这个居民人数不足千人，但年接待游客 30 万人的苗族村寨在提升旅游品质和接待能力方面迈上了新的台阶。

乡村旅游的快速发展在极大改变十八洞村经济和从业结构的同时，也显著扩大了村民和村集体的收入来源。短短五年多时间里，仅有 28 家住户的梨子寨开办了近十家农家乐，餐饮服务及土特产品销售收入成为梨子寨村民新增收入的重要来源。我们从村委会的一份统计资料中看到，2016 年 "十一" 黄金周期间，十八洞村接待游客数量达 21500 人次，村里的 9 户农家乐共接待游客 2320 人次，营业额达近 70000 元，土特产销售收入 10000 元左右。2017 年 11 月 14 日中午，课题组在十八洞村人气最旺的 "巧媳妇" 农家乐（即接待总书记考察座谈的施成富家）遇到来自长沙的大学生社会实践团 20 人左右及 100 人左右的旅行团在此用餐（见图 4-8）。"巧媳妇" 的老板孔铭英曾向媒体记者透露，2018年她家的农家乐毛收入近60万元。除农家乐之外，十八洞景点及其他配套服务设施的整体性开发和运营无疑为村里增加了更多的非农就业机会、务工收入，以及旅游资源开发运营产生的资产性收益。原十八洞村主任、现任旅游公司副总经理施进兰告诉我们，十八洞旅游公司自2019年5月正式对外营业以来，已从十八洞及周边村寨聘用了60多名工作人员，包括票务员、验票员、讲解员、交通疏导员和保洁人员。这些岗位的工作人员一般能拿到每月2000元左右的工资收入，外加年底奖金。对工作技能要求较高的讲解员来说，除了能拿到1800元的底薪之外，还能从团队讲解服务中拿到一半的服务佣金（50元/团队），每月总收入达5000~6000元。随着旅游人数不断增加，村里和旅游公司先后在梨子寨以及新、老村部停车场附近修建了近100个摊位，方便各村寨的村民向游客出售当地的土特产品。根据当地干部的观察，每个摊位一天的销售净收入能达到100元左右。

图4-8 "巧媳妇"农家乐游人如织

（刘艳红拍摄，2017年11月）

第四章 ——— 十八洞村的创新探索 ———

随着村里产业项目的逐步落地，十八洞村的集体收入呈现倍增的势头。据十八洞村原支部书记龙书伍介绍，2016年，村集体通过出租集体用房获得了第一笔7万元的租金收入。2017年，随着湖南步步高集团投资的山泉水厂和与苗汉子公司合作的猕猴桃项目开始分红，村集体的收入达到50多万元。2019年，十八洞旅游开发公司正式投入运营后，也开始兑现其30万元的保底分红承诺。当年村集体收入突破百万元关口，达到126.4万元。

第三节 "十八洞探索"的外溢效应

作为花垣县探索精准扶贫可复制可推广经验的试点村，十八洞村在驻村帮扶和产业扶贫方面进行了卓有成效的探索。其在精准识别贫困、强化基层治理、发挥农业园区和龙头企业的扶贫带动作用等方面形成的做法和经验，在全县乃至更大范围内得到了运用与推广。除此之外，十八洞村自身的快速发展以及"十八洞"的品牌效应对其周边地区乃至整个湘西州的特色农副产品、旅游等产业发展和群众就业、增收等方面也发挥了显著的辐射和带动作用。

一 "十八洞经验"的复制与推广

2014年3月，十八洞村通过排除法和民主评议相结合的方式，在全县率先完成了贫困户的精准识别工作，其在贫困识别中首先运用的"九个不评"标准和民主评议的"七道程序"为全县精准识别工作标准和流程的制定提供了最初的范本。借鉴十八洞村的经验，花垣县制定了扶贫对象识别"六暂缓、七不进、八优先"的评选标准，并确定了"户主申请、村民小组提名、村民代表评议和票决、村委会审查、乡镇政府审核、县扶贫办复核、县政府审批"等操作程序在全县予以推行。当年9月，花垣县在全省率先识别出贫困对象18773户共74682人，涉及162个行政村。同年11月，该县全面完成了贫困人口的信息录入和建档立卡工作。

2014年春，在驻村工作队的支持和引导下，十八洞村通过换届选举组建了新一届村支"两委"，1名大学生村官和3名产业带头人成为村里的主干，显著优化和提升了村领导班子的年龄结构、文化程度以及带动能力。除强化队伍建设和优化人员配备之外，十八洞村还从组织和制度建设两方面着手，通过在经济合作组织、村寨网格等环节全方位发挥党小组引领作用，制度化规范党员干部帮扶、服务职责等措施，全面发挥党组织和党员干部在创业致富、结对帮扶、乡村治理和村民服务等方面的先锋模范作用。2016年，十八洞村党支部因在组织领导和探索实践精准扶贫脱贫方面成效突出而获得"全国先进基层党组织"

的荣誉称号。

党的十九大之后，十八洞村进一步探索以党建引领基层治理的新模式，动员全村31名党员、10名入党积极分子，以1户党员联系互助5户群众的形式组建互助小组，在"理想信念、产业发展、乡风文明、邻里和谐、绿色家园"五个方面开展互助，充分发挥基层党组织组织群众、宣传群众、凝聚群众和服务群众的重要作用。在十八洞村探索实践的基础上，2018年11月，湘西州委决定以"互助五兴"（学习互助兴思想、生产互助兴产业、乡风互助兴文明、邻里互助兴和谐、绿色互助兴家园）作为党建引领农村治理的新模式和决胜脱贫攻坚、助推乡村振兴的创新举措，在全州范围内进行推广。[①] 通过强化村级组织和党员中心户的引领带动作用，引导互助小组在学习、生产、乡风、邻里和互助五个方面开展互帮互助，在帮扶贫困群众脱贫的基础上，推动产业兴旺、生态宜居、乡风文明、治理有效、生活富裕的乡村振兴总目标的实现，不断提升群众的幸福感、获得感、安全感。

2014年，十八洞村首创"基地+龙头企业+贫困户"模式，以湘西农业科技园（花垣县为其核心区）为基地，流转1000亩土地与当地农业龙头企业苗汉子合作社联合开展优质猕猴桃种植项目。2016年，该合作模式进一步

---

① 《"五兴"引领"互助"前行——"五兴"互助开启湘西州党建引领基层治理新篇章》，《团结报》2018年11月29日，http://www.xxzdjw.com/a/jicengdangjian/jingyanjiaoliu/2018/1129/16450.html。

推广至花垣县 3 个乡镇 52 个村，带动 2362 户 9600 名贫困村民加入猕猴桃种植产业，猕猴桃种植基地面积从最初的 1000 亩扩大到 3390 亩。据苗汉子负责人石志刚介绍，2020 年，3000 多亩猕猴桃基地的预计总产量可达 1000 吨，销售收入可达 2500 万元左右。

此外，十八洞村"跳出十八洞发展十八洞"的域外发展思路，还在花垣县其他贫困村得到"复制"。2015 年，湖南省委组织部帮扶工作队进驻花垣县双龙镇让烈村后，组织村民在吉首市平年村和保靖县夯沙村租赁两块"飞地"，总面积达 800 亩。让烈村支书龙远云说，村里将参照十八洞村模式，优先支持 41 个贫困户入股；引进公司，股份制开发高山养殖、高山蔬菜、高山水果、高山中药材等扶贫产业。①

作为花垣县产业扶贫的重要基地，湘西农业科技园区（核心区在花垣县内）实施"园区带动战略"，一方面按照"农业产业化、产业园区化、园区景区化、农旅一体化"的发展思路，着力打造产业布局合理、科技创新能力强、企业聚集程度高的科技示范园区。截至 2018 年，已入园企业 42 家，其中省级龙头企业 3 家，州级龙头企业 5 家，形成了现代烟草、家禽水产养殖、优质蔬菜、特色水果、优质水稻、特色蚕桑、林下经济等七大基地。另一方面大力实施项目带动战略，入园企业通过直接帮扶、委托帮扶、小额信贷帮扶、经济联合体帮扶等模式，带动 2.32

① 《十八洞村精准扶贫启示录》，《湖南日报》2016 年 2 月 24 日。

万劳动力就业，劳务收入达 2.3 亿元，带动建档立卡贫困户 4694 户 2.11 万贫困村民脱贫。①

二 "十八洞"品牌的辐射带动效应

自 2014 年以来，随着十八洞村知名度和影响力的不断提升，十八洞村年接待游客的数量也逐年上升，2019年已达到近 50 万人次的规模。巨大游客数量所带来的餐饮、住宿、交通、旅游商品等方面的消费需求，不仅带动了周边村镇旅游服务相关产业的发展和农副产品、工艺制品的生产销售，也为周边民众提供了更多的非农就业和创收机会。2018 年，由当地个体工商户投资经营的十八洞大酒店正式对外营业。该酒店位于花垣县双龙镇四新村，距离十八洞村仅有 2.3 公里；有 30 间客房，能提供 70 人左右同时入住。作为十八洞村周边最近的一家成规模商务酒店，该酒店已成为赴十八洞村执行采访、学习和调研等公务活动的各大媒体和党政团队的主要下榻酒店。

同时，作为湘西州打造旅游精品线路上的一个重要节点，十八洞景区的开发不仅进一步丰富了湘西的旅游资源，有助于提升其旅游线路的丰富性和竞争力，而且与其他线上景区形成了"1+1>2"的合作共赢关系。我们在十八洞村采访时遇到的一位导游告诉我们，她带的旅游团

---

① 唐庆：《国家农业科技园区带动花垣 2 万余名贫困村民脱贫》，《华声在线》2018 年 4 月 26 日，http://hunan.voc.com.cn/article/201804/20180426095145856.html。

队走的是怀化芷江 – 湘西十八洞红色旅游线路。花垣县驻
十八洞村旅游组负责人彭勇也告诉我们，目前十八洞游客
中有 40%~45% 来自旅游公司组织的线路游客。

除了对旅游产业的带动之外，"十八洞"品牌对促进
当地农副产品的生产经营也发挥了积极作用。2018 年 11
月，花垣县政府举办发布会，正式宣布"花垣十八洞"为
县域公共品牌，并向首批五家企业进行了授牌，十八洞品
牌产品由猕猴桃、山泉水进一步扩展到黄金茶、蜂蜜、酒
和洗护用品等领域。

第五章

十八洞村的现实挑战

2017 年以来，随着十八洞村成功实现脱贫摘帽，由外来资本投资或参与运营的三大产业项目（十八洞旅游开发项目、山泉水厂项目以及地球仓酒店项目）先后在十八洞村落地，十八洞村的产业发展突破了种养业和农副产品加工等传统产业范围，向现代制造业和旅游服务业快速迈进。得益于这几大产业项目的利润分成，十八洞村的集体收入也从零起步，在四年内突破了百万元大关，为集体产业的发展提供了资本金。然而，在民间资本相继投入和集体经济蓄势待发的过程中，集体经济发展面临人才瓶颈、一些民间资本投资或参与的项目难以落地、一些致富能人带动的产业项目遭遇政策变化风险等问题日渐凸显，对十八洞村产业转型与可持续发展构成了不容忽视的现实挑战。

第一节　集体经济的出路

随着村里的产业项目逐步落地并开始产生收益,十八洞村在集体收入上也实现了零的突破。2016年,村集体通过出租集体用房获得了第一笔7万元的租金收入。2017年,随着湖南步步高集团投资的山泉水厂和与苗汉子公司合作的猕猴桃项目开始分红,村集体的收入达到50多万元,2018年进一步增加到70万元。2019年,十八洞旅游开发公司正式投入运营后,也开始兑现其30万元的保底分红承诺。据原村支书龙书伍介绍,2019年,村集体收入突破百万元关口,达到126.4万元。随着集体收入的逐渐增加,如何通过发展集体产业,一方面实现资产保值增值,另一方面更好地发挥集体经济在助弱扶贫、实现共同富裕方面的积极作用,成为十八洞村支"两委"不可回避的现实问题。

2018年下半年,十八洞村成立农旅农民专业合作社,流转了全村80%的土地,尝试搞辣椒和水稻等农作物的规模化种植和经营。但是仅过了一年时间,这些经营项目就以亏本告终。从各家各户手中流转的土地也都退还给了村民。一些村民因此抱怨,自家的水田被流转后撂了荒,再种庄稼就困难了,跟合作社要赔偿却没有结果。据龙书伍介绍,农旅合作社的种植项目之所以不成功,有三方面的原因。一是农产品市场不稳定,不容易把握市场机会;二是存在"出工不出力"的问题,大家对集体种植和管理的项目缺乏责任心;三是在土地流转规模上存在冒进,一些土地流转之后并没有得到有效利用，反而增加了集体项目的经营成本。经历这次失败的尝试后，龙书伍意识到，"种植这一块还是交还给老百姓，让他们按自己的想法去经营更好"。

2019年，响应县委组织部的号召，十八洞村成立了经济联合社，由老支书龙书伍任理事长，希望能够统领全村的专业合作社和集体经济发展。当年8月1日，由村集体投资近70万元（其中包括济南市槐荫区东西部协作扶贫捐赠20万元）的思源餐厅正式对外营业。餐厅的位置就在游客必到的新村部旁边，距离游客摆渡车的下客点也很近，加之是村里的集体企业，在接待游客方面有着近水楼台的优势。据龙书伍介绍，餐厅开业半年，已实现盈利12万元。他相信2020年全年的利润有望达到四五十万元，加上水厂、猕猴桃和旅游公司的分红，2020年集体收入突破200万元不成问题。

作为村经济联合社的理事长和村集体经济的带头人，龙书伍意识到，仅仅依靠村里现有几个产业项目的分红不是长久之计，希望能够根据实际情况进一步发展壮大村里自己的产业。他提到下一步发展集体产业的几个设想：一是在旅游衍生产品和服务上着手，在村里开发一些旅游娱乐项目和文创产品。二是利用十八洞的品牌和山泉水资源，开办自己的腊肉加工厂和酒厂。三是利用十八洞村对接的消费扶贫渠道，与周边的吉卫镇进行吊瓜子的合作营销。当被问及这些项目如何落地时，他认为相关经营人才的匮乏是制约这些产业项目落地的重要瓶颈，如何突破这个瓶颈是他当下要重点考虑的问题之一。他认为，借助一些公益人士或公益团队，是一个办法，但其缺点是不长远，不可持续。按照市场规则聘请职业经理人或经营团队更具可持续性，但目前的村集体收入还难以承受市场化的薪资水平。

第二节　民间资本的落地

在十八洞村精准扶贫脱贫的发展进程中，2017 年是一个重要的转折点。这一年，十八洞村不仅正式摘掉了贫困村的帽子，三年前与苗汉子公司合作的猕猴桃项目也正式瓜熟蒂落，实现了第一次分红。更让十八洞村人看到希望的是，这一年，由外来资本投资或运营的三大产业项目先后在十八洞村签约或落地，这三个项目分别是消费宝（北京）资产管理公司与花垣县苗疆旅游开发有限公司合作的大十八洞旅游开发项目、湖南零售连锁企业步步高集团全额投资的山泉水厂项目，以及湖南地球仓科技有限公司承建的地球仓酒店项目。根据当时的合作协议，消费宝公司作为控股方，将在十八洞村投资不少于 6 亿元的资金，力争三年内完成国家 4A 级景区创建，并致力于打造 5A 级景区。而十八洞村将在旅游项目 30 年的经营期中获得 10% 的分红收益。山泉水厂项目建成投产后，十八洞村每年可以从中获得"50万+1"的分红，即水厂每年给十八洞村集体50万元的保底收益，外加每生产一瓶水给十八洞村1分钱的分红。

时隔三年，当我们再次来到十八洞村了解这三大产业项目的进展时，却发现了一些耐人寻味的变化。首先，作为控股股东的消费宝和后来接替消费宝的湘西旅游公司已先后从十八洞旅游公司退出，后者成为花垣县国资委下属苗疆旅游开发公司的独资经营企业。当被问及这两家公司退出的原因时，花垣县驻十八洞村旅游组负责人彭勇给出了两个解释，一是十八洞村自2018年成为湖南省的潇湘八大红色景区后，不能对游客收门票，这影响了投资方的回报预期；二是景区发展还处于市场培育阶段时，民间资金往往会比较谨慎。相对于撤出的消费宝和湘旅公司，承担十八洞溶洞开发的另一家民营企业花垣双龙旅游开发公司（由两位福建商人投资）虽然没有正式撤资，但也在项目推进上遇到了不小的困难。双龙旅游公司的负责人告诉笔者，自2017年以来，公司已完成一期投入4700万元，用于溶洞内部游步道和灯光建设，以及溶洞周边70亩土地的征地补偿。项目二期还将投入1.2亿元用于连接通村公路和溶洞的风雨桥，以及民宿、餐饮等旅游综合配套设施的建设。据这位负责人介绍，尽管溶洞开发项目的立项报批等相关手续均由十八洞旅游公司负责，但由于项目开发涉及基本农田，相关土地的调规工作直到2019年才完成，致使风雨桥等二期配套设施建设一直无法开展，溶洞的对外开放也迟迟未能实现。目前，二期项目的审批手续虽已完成，但双龙旅游公司和十八洞旅游公司之间在合作模式和利益分成上却尚未达成一致意见。村里的干部告诉我们，由于溶洞项目进展不顺，双龙旅游公司也有撤资的打算。

其次，由湖南地球仓科技公司承建和受托运营的十八洞地球仓生态酒店一期七栋仓体式客房于 2018 年底建成并对外经营以来，也并未取得令人满意的经营业绩。据彭勇介绍，尽管目前是旅游旺季，但地球仓的入住率仅为百分之三四十。负责酒店运营的地球仓公司方面的负责人告诉我们，酒店客人以自驾游客人为主，主要通过地球仓公司运维的 App 平台预定入驻。由于十八洞地球仓酒店入住率不高，长沙方面作为运营商的回报太低，已有退出运营的考虑。

最后，相比于旅游开发和生态酒店遇到的困难，山泉水厂的投资和经营状况显得较为乐观。2017 年，步步高公司仅用了不到半年时间就完成了水厂的建设和投产。据接待我们的后勤厂长介绍，尽管厂里只有一条生产线和两种包装规格，但目前日均产量也可达到 8 万瓶；为了和日本的无印良品达成合作，水厂还对车间环境进行了改造，引进了新的生产设备。2020 年 5 月全国"两会"期间，董事长王填在参加湖南代表团全体会议时介绍了步步高集团在湘西的扶贫成就，指出 2019 年十八洞山泉水的年产值近 5000 万元，十八洞村集体获得分红收入 64 万元。我们从十八洞山泉水的线上营销平台"良品十八洞"看到，三种不同规格（分别是 380ml、400ml 和 580ml）的十八洞山泉水 24 瓶的售价为 30~36 元。除零售外，其销售平台上还专门设置了定制水和接待专用水两个业务类别，定制数量从 20 件到 1000 箱不等。笔者在十八洞山泉水厂车间参观时也注意到，有近 50 家中央和地方企业加入了十八洞山泉水厂的"爱心品牌大联盟"，这些企业以消费扶贫的方式承销了相当比重的十八洞山泉水。湖南省委书记杜家毫在最近一次走访步步高集团线下旗舰店时，对有"湖南扶贫第一水"之称的十八洞山泉水的销售情况也十分关心，并表示，"现在湖南省的很多机关单位喝的都是十八洞水，我在家喝的也是十八洞水"。[①]

第三节　政策变化的风险

村民文化程度低、缺乏致富带头人，不仅是十八洞村长期遭受贫困困扰的一个主要原因，也是十八洞村发挥内生增长动能，实现自主、可持续发展的一个重要瓶颈。在知识和人才匮乏的情况下，村里为数不多的致富带头人就显得尤为难能可贵。

2017 年，我们第一次去十八洞村调研时，就听说村里有个养猪大户龙英足。在采访中，龙英足告诉我们，她是

---

① 《杜家毫书记：步步高展现了民营企业的责任与担当》，《红刊财经》，https://www.sohu.com/a/414004773_135869。

在长沙打工期间学会养猪技术的。2003 年，她拿着 8000 元钱回乡创业，办起了养猪场。由于掌握了冷链配种的技术，她不仅自己养猪，还给周边村民提供配种服务，每年的收益十分可观。2014 年，龙英足响应村里号召，办起了湘西乳猪养殖专业合作社，带领村里 21 户贫困户一起养猪，由龙英足先提供猪仔和饲料，并提供技术指导，等猪养成了、出栏卖了钱再收本钱。作为村里的党员和妇女主任，龙英足不仅从带领群众共同致富中获得了满满的成就感，个人也收获了巨大的荣誉。2016 年，她当选为县人大代表。

然而，令人意外的是，时隔一年多，这位养猪大户的命运却发生了巨大的改变。2017 年，花垣县启动畜禽养殖禁养区养殖场关闭退养工作。2018 年，十八洞村新制定的村庄规划（2018~2035）把规模化养殖列为十八洞村产业准入负面清单，龙英足办的养猪场属于禁养区范围。2019 年初，花垣县畜禽养殖退养办公室与龙英足达成了退养协议，龙英足在得到当地有关部门承诺可以就地转产的情况下，关闭了养猪场，获得了 79.7 万元的补偿款。根据协商退养过程中有关部门的建议，"只会养猪"的龙英足在关闭养猪场后，准备投资 200 万元开办一个集住宿、餐饮和农业体验等功能于一体的生态农庄，并于 2019 年 4 月完成了公司注册和项目备案。然而，正当龙英足、龙英兰两姐妹投入近百万元，接近完成农庄主体建筑以及配套保坎设施的建设时，自然资源局的一纸封条却叫停了这个项目。这时候，两姐妹才得知，她们的养猪场属于基本农田范畴，农庄开发建设违背了土地用途。眼见着前期的巨额投入即将付之东流，姐妹俩只好向村里、镇里以及县里的相关部门求助。她们认为，当初转产的建议是政府有关部门给的，现在项目推进不下去，政府有责任给予帮助。据龙英兰介绍，有关部门告诉她，农庄用地可以申请土地调规，但需要通过村里的旅游公司来申请，因此比较现实的解决方案是由旅游公司先收购农庄的资产。而究竟能否与旅游公司达成收购协议，两姐妹说，还在等候相关部门的消息。

第六章

十八洞村的未来展望

第五章的分析表明，在十八洞村的快速发展过程中，由于自身还缺乏真正具备现代经营管理才能的人才队伍，尽管集体收入有了初步的积累，但在发展壮大集体经济方面仍然面临不小的挑战。而随着十八洞村乡村旅游规划的落地以及产业转型的推进，一些传统产业面临被淘汰出局的命运，原先在精准扶贫过程中发挥过致富带头作用的一些"能人"，无法再发挥其专业技能方面的优势，不得不承受艰难转型的痛苦。与此同时，让乡村旅游成为十八洞村支柱产业的"政策红利"就像一把双刃剑，在吸引着众多民间资本前来探寻商机的同时，又成为民间资本驻足不前的一道无形障碍。

这些发展瓶颈和障碍不仅可能阻碍十八洞村脱离对"外力"的依赖，难以由"借力"发展走向自主发展，而且可能威胁到其脱贫成果的巩固和共同富裕目标的实现。十八洞村要在精准脱贫后真正走向乡村振兴，实现自主、均衡与可持续的发展，需要从加大扶智引智力度、优化营商环境、加快产业转型等方面入手，着力增强十八洞村的内生发展动能、更好地发挥民间资本在产业发展中的作用、进一步拓展乡村旅游的市场空间。

第一节　扶智引智相结合增强内生发展动能

十八洞村的村情分析表明，村民文化程度普遍低下是十八洞村长期陷于深度贫困的一个重要原因。2014年启动精准扶贫以来，尽管相关部门加大了对村民职业技能培训的力度并产生了积极效果，回乡创业队伍的壮大也一定程度上改善了十八洞村人才匮乏的现状，但总体来看，人才不足，尤其是经营管理人才匮乏的问题尚未得到根本改观。随着十八洞村由传统种养业向现代制造业与旅游服务业转型步伐的加快，以及集体产业发展被提上议事日程，十八洞村发展机遇与自身能力不足之间的矛盾日益凸显，不仅限制了其在山泉水厂和旅游开发等现代产业发展中发挥主体性作用，而且制约了集体经济的发展步伐。

我们认为，十八洞村要改变人才匮乏的现状，在"扶智"和"引智"方面还有较大的作为空间；应当采取扶智与引智相结合的方式，进一步培育十八洞村的内生发展动能。我们在调研中发现，与基础设施和产业发展方面的投入力度相比，财政扶持资金在教育培训领域的投入非常有限；养猪大户龙英足所遭遇的转型困境也表明，保护致富能人的经营才能及其创业积极性问题尚未得到有关部门的足够重视。当地政府应当立足长远，从切断贫困代际传递的高度，重视和加强对当地基础教育和职业技能教育的投入，强化对职业技能之外的经营管理人才的培养和培训，采取积极措施保护致富能人的专业技能和创业积极性；在"引智"方面，探索更为有效的人才引进、创新创业相关政策，进一步鼓励、引导和支持本村或外乡大学生和具备创业才干的能人回乡创业。

第二节　优化营商环境更好发挥民间资本作用

在精准扶贫过程中，花垣县委、县政府通过创新和优化公共资源配置，在引导当地民间资本介入产业扶贫，带动十八洞及周边村寨发展猕猴桃产业等方面进行了积极探索，取得了良好的成效。随着十八洞知名度和影响力的提升，消费宝、步步高、双龙旅游公司等更多花垣县域之外的民间资本先后进入十八洞村，在推动其产业转型升级方面发挥了十分重要的作用。

但消费宝等民间资本的先后撤资以及十八洞溶洞开发进程的延滞等现象表明，民间资本的真正落地并在产业扶贫和发展中更好发挥其作用和优势，还面临较大的挑战。尽管十八洞村旅游市场具有特殊性（如红色旅游景区限制收取门票、游客以考察学习团队为主），市场还处于培育阶段等因素，的确一定程度上制约了民间资本参与市场开发的积极性，但从当地政府自身角度出发，或许可以从改善营商环境、提升公共服务效率和质量等方面下功夫，处理好国有资本和民间资本在十八洞旅游市场开发中的竞争与合作关系，在"借力发展"中实现优势互补，互利共赢。

第三节　加快产业转型拓展旅游市场空间

随着十八洞村精准扶贫首倡地形象的确立，以精准扶贫和党性教育为主题的红色旅游，以及以自然景观与苗族风情为特色的乡村旅游逐渐发展成为十八洞村的支柱产业，年接待游客的数量不断上升，2019 年已达到近 50 万人次的规模。旅游产业的迅速发展为十八洞村村民提供了大量家门口创业和就业的机会，村里不仅开办了十多家农家乐和民宿，而且有超过 60 人在旅游公司上班，近百人在各景区摊位销售土特产品，显著增加了村民的收入来源。

但是，由于溶洞开发尚未完成，红色旅游线路相对单一、旅游配套服务和娱乐设施不够完善等原因，十八洞村尽管在旅游旺季经常出现游人如织的盛况，但始终无法解决"留不住游客"的问题。随着精准扶贫进入收官之年，旅游公司和村支"两委"开始考虑后精准扶贫时代十八洞村的红色旅游如何实现可持续发展的问题。

2018年，在湖南大学设计研究院等机构的支持下，十八洞村制定了面向未来近20年的村庄发展规划（2018~2035）。从这个规划可以看出，未来十八洞村将主要围绕精准扶贫教育、山水风光游览和民俗风情体验三大主题旅游线路的打造来进行产业布局，在其呈蝴蝶状的村域范围内，形成"三区五核"的产业空间布局。所谓"三区"，是指位于蝶心的苗寨文化体验区（主要在梨子寨和竹子寨），以及位于左右两翼的高名山农旅产业区（主要在飞虫寨和当戎寨）和莲台山生态休闲区。所谓"五核"是指分布在上述三个区域内的重点开发项目，包括位于苗寨文化体验区的精准扶贫首倡地和休闲谷，位于高名山农旅产业区的苗情园和高名山，以及位于莲台山的知青场（见图6-1）。

我们在与十八洞旅游公司、双龙旅游公司以及十八洞村集体产业负责人的交流中也印证了上述产业发展规划正在逐步落地。花垣县驻十八洞村旅游工作组的负责人告诉我们，2017年，十八洞村获得了湖南省旅游厅授予的青少年研学实践基地的举办资质，未来十八洞旅游产业将以青少年研学实践基地为抓手，逐步由红色旅游向研学和党建

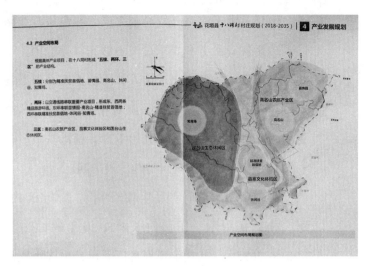

图 6-1　十八洞村产业规划与空间布局

资料来源：十八洞村村庄规划（2018~2035）。

培训转型。因此，未来两年，十八洞村将在当戎寨建设能容纳 500 人以上的研学基地，发展户外、党建和团建等培训业务。除此之外，还计划在飞虫寨修建民宿与构建花海景观，在莲台山原知青林场发展森林康养项目等，来推动十八洞旅游景区"由政治 IP 向市场 IP 转型"。据媒体报道，2020 年 5 月，十八洞旅游公司已从中国农业银行花垣支行获得 8000 万元贷款，用于十八洞村基础设施建设和新型景观打造。如果加上此前旅游公司已在十八洞景区基础设施建设方面（包括游客服务中心、游步道、停车场等服务设施）的 5000 万元投入，国有资本和财政扶持资金在十八洞景区的投入规模将至少达到 1.3 亿元。

此外，双龙旅游公司的负责人也表示，十八洞溶洞开发项目二期还将投入 1.2 亿元用于连接通村公路和溶洞的风雨桥，以及民宿、餐饮等旅游综合配套设施的建设。我们从该投资项目的环评资料看到，这个名为高名山庄的建设项目计划投资 7000 多万元，建设内容包括一栋建筑面积约为 1400 平方米的综合楼，18 栋 36 户高档民宿，以及风雨桥、停车场、游步道等配套服务设施，计划投入运营的时间为 2020 年 8 月（因疫情已推迟）。十八洞村集体经济的负责人也表示，在旅游开发这块，虽然旅游公司负责大局，但村集体也要有所作为，会在旅游服务和娱乐设施方面发展一些项目。

尽管这些发展规划和设想为十八洞旅游产业的转型升级和可持续发展指明了方向，但如何在国有资本、民间资本以及集体资本这三者之间进行合理有效的分工与合作，避免缺乏市场前景的低效率投资、重复性建设和不必要的同业竞争，可能是相关部门需要认真思考和严肃对待的问题。

参考文献

〔美〕萨缪尔森、诺德豪斯：《经济学》，中国发展出版社，1992。

〔印度〕阿马蒂亚·森：《贫困与饥荒》，王宇、王文玉译，商务印书馆。

迟福林：《公共产品短缺下的减贫新挑战》，《农村工作通讯》2011 年第 10 期。

董辅礽：《中国经济纵横谈》，经济科学出版社，1996。

高帅：《贫困识别、演进与精准扶贫研究》，经济科学出版社，2016。

庚德昌：《论贫困地区支柱产业的发展》，《中国农村经济》1995 年第 6 期。

韩广富、王丽君：《当代中国农村扶贫开发的历史经验》，《东北师大学报（哲学）》2006 年第 1 期。

康晓光：《中国贫困与反贫困理论》，广西人民出版社，1995。

李俊杰、陈浩浩：《不同民族农村居民多维贫困测量与减贫措施研究——基于重庆市渝东南土家、苗和汉族居民的调查》，《中南民族大学学报》（人文社会科学版）2015 年第 2 期。

李实：《中国居民收入分配研究》，北京师范大学出版社，2008。

李小云、唐丽霞、张雪梅：《我国财政扶贫资金投入机制分析》，《农业经济问题》2007 年第 10 期。

陆汉文、黄承伟等：《中国精准扶贫发展报告（2017）》，社会科学文献出版社，2017。

罗明：《以十八洞村为试点探索精准扶贫》，《新湘评论》2014 年第 23 期。

麻建成、张耀成：《百里苗疆写赞歌——省民委驻花垣县十八洞村工作组建设扶贫侧记》，《民族论坛》2012 年第 11 期。

欧阳静：《乡镇驻村制与基层治理方式变迁》，《中国农业大学学报》（社会科学版）2012 年 1 期。

童星、林闽钢：《我国农村贫困标准线研究》，《中国社会科学》1994 年第 3 期。

汪三贵、李文、李芸：《我国扶贫资金投向及效果分析》，《农业技术经济》2004 年第 5 期。

汪三贵、王姮、王萍萍：《中国农村贫困家庭的识别》，《农业技术经济》2007 年第 1 期。

王国敏：《新阶段我国农村贫困与扶贫问题研究》，《开发研究》2005 年第 5 期。

吴敬琏：《农村剩余劳动力转移与"三农"问题》，《宏观经济研究》2002 年第 6 期。

杨咏沂：《一条扶贫攻坚的有效途径——全国"单位包村、干部帮户"情况调查》，《农村工作通讯》1998 年第 4 期。

俞万源：《贫困落后地区的城市化》，《地域研究与开发》

2002 年第 1 期。

周民良：《增长极理论与西方的区域政策》，《中国工业经济研究》1994 年第 7 期。

朱玲：《制度安排在扶贫计划实施中的作用——云南少数民族地区扶贫攻坚战考察》，《经济研究》1996 年第 4 期。

后　记

　　2017 年初，经科研局批准，中国社会科学院国情调研特大项目"精准扶贫精准脱贫百村调研"——十八洞村子课题正式立项并成立课题组。课题组成员包括：中国社会科学院大学（研究生院）政府政策与公共管理系副教授刘艳红，中国社会科学院农村发展研究所研究员檀学文，贵州财经大学经济学院副教授李秀丽，《中国扶贫》杂志社记者马丽文，中国社会科学院大学（研究生院）政府政策与公共管理系博士生申孟宜等五人。

　　鉴于十八洞村作为精准扶贫首倡地和精准扶贫脱贫攻坚全国先进单位等方面的特殊性，课题组在成立之初即得到了总课题组以及国务院扶贫开发办全国扶贫宣教中心的高度重视与大力支持。农发所檀学文研究员作为总课题组的协调人不仅以课题组成员的身份直接指导并参与了子课题的研究，而且与课题组成员共同完成了对十八洞村的首次调研。宣教中心主任黄承伟研究员不仅指派曾经多次报道十八洞村的《中国扶贫》杂志社记者马丽文女士作为课题组成员直接参与课题研究，而且从吉首大学增派了研究人员支持课题组在十八洞村的调研，大大增强了研究队伍的力量。

2017 年 4 月 14~19 日，在湖南省和花垣县扶贫开发办的大力支持下，课题组一行七人赴十八洞村进行第一次调研。除完成总课题组指定的村及 60 户抽样农户的问卷调查外，此次调研还实地考察了十八洞村最大的产业项目猕猴桃种植基地，采访了猕猴桃项目合作方苗汉子公司负责人、十八洞村生猪、蜂蜜养殖大户等产业或致富带头人，与花垣县扶贫办、组织部驻村办、发改委、农经站、人社局、住建委、卫计委等相关部门及龙头企业代表进行了座谈，从县村两级相关部门获取了大量数据和信息。在对首次调研获取的资料和数据进行整理录入分析基础上，课题组一行三人于 11 月 13~17 日第二次赴十八洞村调研，根据研究需要重点回访了部分问卷调查对象，实地考察了村集体建设桃园、山泉水厂、地球仓酒店等产业项目，与驻村工作队及村支"两委"负责人进行了深入座谈，并就猕猴桃项目进展二度采访了项目负责人。在研究成果准备交付出版前，为更新补充前期调研成果，课题组负责人刘艳红于 2020 年 7 月 31 日至 8 月 4 日第三次前往花垣县和十八洞村进行补充调研，除与花垣县扶贫办、驻村工作队、村支"两委"的干部及当地致富带头人、普通农户进行深入交流之外，还就十八洞村猕猴桃项目、旅游开发项目、山泉水厂等产业项目的最新进展情况采访了相关负责人，实地走访了项目基地。花垣县委书记罗明也在百忙之中抽出时间，接受了我们的采访，为课题组更加准确地掌握十八洞村在精准扶贫不同阶段的发展思路和工作重点提供了十分有益的帮助。课题组回京后，还通过电话采访的方式与花垣县驻十八洞村旅游工作组、双龙旅游公司、湖南地球仓公司负责人等进行了较为深入的沟通。调研中获得的大量信息和资料为课题组全面了解十八洞村在精准扶贫过程中获得的机遇、做出的创新、取得的成就，以及面临的挑战提供了至关重要的基础素材。

除上文提及的领导与同事们的关怀与支持外，我们在课题研究过程中还得到了中国社会科学院农村发展研究所魏后凯研究员、李静研究员，中国社会科学院大学（研究生院）何辉副教授、赵燕副教授，湖南省扶贫开发办，花垣县委、县扶贫开发办，驻十八洞村工作队，村支"两委"干部及受访村民的大力指导、支持和帮助。吉首大学黄利文博士，贵州财经大学硕士生江鹏伶，中国社会科学院大学（研究生院）政府政策与公共管理系博士生张洪武，硕士生周锐、徐佳婧参与并协助课题组圆满完成了在十八洞村的调研任务。最后，这项研究成果能够付诸出版，要得益于中国社会科学院科研局王子豪副局长、田甜老师，社会科学文献出版社陈颖编辑的大力支持、信任和帮助。作为本书的责任编辑，陈颖老师在确保书稿的质量方面付出了大量的心血。在此向以上领导、同人、乡亲以及同学们致以最诚挚的谢意。

受作者能力与精力所限，本文所反映的现象问题和表达的观点看法难免存在疏漏偏差，不足之处望得到读者的包涵和指正（课题负责人联系方式：liu.yh@cass.org.cn）。

刘艳红

2020 年 8 月 20 日

后
记
—

图书在版编目（CIP）数据

精准扶贫精准脱贫百村调研. 十八洞村卷：精准扶
贫首倡地的机遇、创新与挑战 / 刘艳红, 申孟宜著. --
北京：社会科学文献出版社, 2020.10
　　ISBN 978-7-5201-7491-6

　　Ⅰ.①精…　Ⅱ.①刘…　②申…　Ⅲ.①农村-扶贫-
调查报告-花垣县　Ⅳ.①F323.8

　　中国版本图书馆CIP数据核字（2020）第203987号

·精准扶贫精准脱贫百村调研丛书·

精准扶贫精准脱贫百村调研·十八洞村卷
　　——精准扶贫首倡地的机遇、创新与挑战

著　　者 / 刘艳红　申孟宜

出 版 人 / 谢寿光
组稿编辑 / 邓泳红
责任编辑 / 陈　颖

出　　版 / 社会科学文献出版社·皮书出版分社（010）59367127
　　　　　　地址：北京市北三环中路甲29号院华龙大厦　邮编：100029
　　　　　　网址：www.ssap.com.cn
发　　行 / 市场营销中心（010）59367081　59367083
印　　装 / 三河市尚艺印装有限公司

规　　格 / 开　本：787mm×1092mm　1/16
　　　　　　印　张：9.75　字　数：93千字
版　　次 / 2020年10月第1版　2020年10月第1次印刷
书　　号 / ISBN 978-7-5201-7491-6
定　　价 / 59.00元

本书如有印装质量问题，请与读者服务中心（010-59367028）联系